Eugen Freund • Der Tod des Landeshauptmanns

Eugen Freund

Der Tod des Landeshauptmanns

Kriminalroman

Vorbemerkung:
Dieses Buch ist ein Roman. Romane haben es an sich, mit der Realität nichts oder – im Extremfall – nur sehr wenig zu tun zu haben. Im Unterschied zu meinen Sachbüchern, die sich auf Wahrheit und Wirklichkeit stützen, auf intensive Recherchen, Interviews, Zeitungs- und entsprechende Fachlektüre, ist dieses Buch in meinem Kopf entstanden: keine Interviews, keine Recherchen (außer bei den verschiedenen Ortsbeschreibungen und bei zeitgeschichtlichen Bezügen) und schon gar keine einschlägige „Fachlektüre". Und wie in letzter Zeit bei anhängigen Justizfällen immer angefügt wird: „… es gilt die Unschuldsvermutung", füge ich diesmal gerne hinzu: „Jede Ähnlichkeit mit lebenden Personen ist rein zufällig und vom Autor nicht beabsichtigt." Wenn ich wieder ein Sachbuch schreibe, werde ich das auch entsprechend kennzeichnen.

Eugen Freund, Wien, im Sommer 2013

www.kremayr-scheriau.at

ISBN 978-3-218-00877-8
Copyright © 2013 by Verlag Kremayr & Scheriau GmbH & Co. KG, Wien
Alle Rechte vorbehalten
Schutzumschlaggestaltung: Kurt Hamtil, Wien
unter Verwendung eines Fotos von Gert Eggenberger/APA/picturedesk.com
Typografische Gestaltung, Satz: Sophie Gudenus, Wien
Druck und Bindung: Druckerei Theiss GmbH, St. Stefan i. Lavanttal

PROLOG

Die Tachonadel stand auf 100. Der Sechszylinder schnurrte vor sich hin. Einhundert Stundenkilometer, das ist sanftes Dahingleiten für diese Maschine. Im eleganten Fahrzeuginneren, wo sich am Armaturenbrett Holzintarsien mit gebürstetem Aluminium abwechselten, mischte sich der Lederduft mit leichtem Alkoholgeruch. Der Fahrer nahm ihn nicht wahr, so wenig wie schlechter Mundgeruch von dem, der ihn ausströmt, wahrgenommen wird. Gedankenblitze schossen durch seinen Kopf: „Jörg", hatte sein Gegenüber im „Hafenstadl" gesagt, „Jörg, geh, bleib noch ein bisschen." Dann: „No, ein Glasl wirst doch wohl noch aushalten!"

Und ein weiterer Schluck Wodka war die Kehle hinuntergeronnen. Nicht einmal fünfzehn Minuten waren seitdem vergangen. Er wusste, dass er hochprozentigen Alkohol nicht wirklich vertrug. Hie und da ein Achterl, das gehörte einfach zu seinem Beruf, aber kein Schnaps, kein Whisky, kein Wodka …

„Herrgott, was ist das?"

Im dichten Nebel tauchten unvermittelt zwei rote Rücklichter auf. Der Fahrer stieg aufs Gas, überholte den kleinen, weißen Wagen. 130. Er zog den Phaeton wieder nach rechts, doch da schoss eine Thujen-Hecke auf ihn zu. Er drehte am Lenkrad. Das Fahrzeug reagierte nicht. Die Räder hatten den Kontakt zum Boden verloren.

Von: straggerst@aon.at
An: jasmin.koepperl@gmx.at
David Krimnick hasste es, früh aufzustehen. Aber Ross' Schulbus rollte immer schon um 6 Uhr 15 um die Ecke und David hatte mit seiner Frau vereinbart, er würde seinem Sohn das Frühstück zubereiten. Jetzt stand er in der Küche, zog an der Kühlschranktür und griff zum Milchpaket. Er war 35, sie hatten früh geheiratet, er kannte Eleanor schon von der High School, sie kam immer vorbei, wenn er Football spielte, sie war eine der attraktivsten „Cheerleader". Außerdem imponierte ihm ihre Intelligenz, sie hatte ein ungeheuer breites Wissen, kannte sich in der Politik aus, in Geschichte, sogar in Biologie, und das war überhaupt nicht seine Stärke. Er war im Football-Team Quarterback gewesen, sein Oberkörper war auch ohne die obligaten Schulterpolster heute noch beeindruckend. Eleanor arbeitete in einer Anwaltskanzlei, sie war ein Nachtmensch, außerdem traf sie sich am Abend gerne mit Patricia, ihrer Freundin, ebenfalls eine Anwältin. David Krimnick war – eine Tradition in der Familie Krimnick – Special Agent beim FBI, lange Zeit war er für ausländische Staatsgäste zuständig gewesen.

Großvater Joshua Krimnick hatte direkt unter Herbert Hoover, dem legendären ersten Direktor des Federal Bureau of Investigation, gedient. Er erzählte gerne und voller Stolz, dass er es gewesen war, der den FBI-Chef am 7. Dezember 1941 über den Angriff der Japaner auf Pearl Harbor informiert hatte. David hatte diese Geschichte immer und immer wieder geschildert bekommen, vor allem, als sein Großvater schon alt und vergesslich war – so vergesslich, dass er sich nicht mehr daran erinnerte, die Story gerade erst fünf Minuten zuvor im fast selben Wortlaut erzählt zu haben.

Ein Piepsen riss David aus seinen Gedanken. Er öffnete die Tür der Mikrowelle, holte die heiße Schale heraus und stellte sie auf den Tisch, dorthin, wo sein Sohn gewöhnlich Platz nahm.

Aber Ross war immer noch nicht aus dem Bad gekommen, die Minuten zerrannen, jeden Augenblick konnte der Bus anrollen, zum Glück hielt er gleich vor der Haustür. Doch dann ging alles schneller als erwartet: Ross polterte die Stufen hinunter, verschlang die Cereals und war schon aus dem Haus. „Bye" rief er über die Schulter durch die geöffnete Haustür, „Hab einen schönen Tag", antwortete sein Vater, der hinter ihm nach draußen ging. Da kam auch schon der Schulbus. Jedes Mal diese Hektik, dachte sich David Krimnick, wieso kann der Bub nicht wenigstens fünf Minuten früher aufstehen …

Vor dem Haus hob David die beiden Zeitungen auf, die in einer blauen und einer durchsichtigen Plastikhülle neben den Stufen lagen – wie immer waren sie ein wenig angefeuchtet, die Zeitungsausträger kamen schon um drei Uhr früh, dann, wenn sich der Dunst über die Vororte von Washington legte. Im Haus nahm David die beiden Zeitungen aus dem Plastik und führte die beiden Säckchen gleich ihrer nächsten Verwendung zu: Er band sie um die Hundeleine, denn damit klaubte, wer immer mit Eva, so hieß ihr dreijähriger Cocca-Poo, spazieren ging, den Kot auf und versenkte ihn dann in einer Mülltonne.

Jasmin Köpperl griff nach der Zuckerdose. Es war bereits ihr dritter kleiner Brauner, diesmal hatte sie noch extra ein Kännchen Milchschaum dazu bestellt. Sie legte die zwei Seiten, die sie gerade gelesen hatte, auf den Tisch und dachte nach. Ihr Blick schweifte hinaus auf die Bahnhofstraße. Ein älterer Herr, der einen Trachtenhut trug, in dessen grünem Band eine Fasanfeder steckte, ging direkt am Caféhaus-Fenster vorbei, aber sie nahm ihn nicht wahr, sie fokussierte auf nichts. Zweimal hatte sie den Text durchgelesen, aber sie konnte sich keinen Reim darauf machen. Sie, die immer so gut organisiert war, die ihre Storys stets im Kopf formuliert hatte, bevor sie sie auf Papier oder später in den Computer schrieb, war am Ende. Nicht einmal einen einfachen Text zu analysieren war sie in der Lage. Zu viel war in den letzten Tagen über sie hereingebrochen.

Der Aschenbecher quoll über von halb angerauchten Zigaretten. So oft hatte Jasmin schon das Rauchen aufgeben wollen. Das bislang letzte Mal war es ein Versprechen, das sie Stefan gegeben hatte. Er hasste den Rauch, einmal sagte er ihr sogar, er würde sie nie wieder küssen, wenn sie nicht endlich die Zigarettensucht aufgebe.

Die 40-jährige Journalistin konnte es einfach nicht glauben, was da über sie hereingebrochen war. Ihr Handy hatte geläutet, gerade als sie dabei war, ihr Notebook einzupacken, um auf eine Pressekonferenz zu gehen. Am anderen Ende war die Polizei. „Hier ist Revierinspektor Bugelnik, spreche ich mit Frau Köpperl?" Er wollte wissen, ob und wo er sie persönlich treffen könne. Nein, er könne ihr am Telefon nicht sagen, worum es sich handle. Ein kalter Schauer rieselte ihr über den Rücken, so wie damals, als sie die Nachricht vom Tod ihres Vaters erhalten hatte. Er war, ganz plötzlich, an seinem Arbeitsplatz gestorben, vom Stuhl gefallen, lag am Boden. Ein Mitarbeiter hatte den dumpfen Knall gehört und sich umgesehen. Er erspähte ein Bein, das hinter dem Schreibtisch herausragte, sich hin und her bewegte wie ein Kolben in einem Boxermotor. Als die Rettung kam, war es schon zu spät. Gerhard, ein Arbeitskollege, der längst zum Freund der Familie geworden war, hatte Jasmin angerufen und ihr das völlig Unerwartete mitgeteilt.

Zehn Minuten später war der Revierinspektor in der Redaktion. „Bugelnik, Franz", stellte er sich vor. Er war großgewachsen, unter seiner Kappe, die er kurz anhob, war graues, gelocktes Haar zu sehen. Seine Augen leuchteten grün, sie lagen tief unter den buschigen Augenbrauen, die über dem Nasenrücken miteinander verwachsen waren. Als er sie fragte, wo er sie alleine sprechen könne, ahnte sie schon Schlimmes. Sie verwies auf das Konferenzzimmer. Um dorthin zu gelangen, mussten sie an Jasmins Redaktionskolleginnen vorbei. Sie spürte, wie sie angestarrt wurde, auch wenn sie niemandem in die Augen sah. „Neugierig sind sie", dachte Jasmin, „aber das ist nicht Journalisten-Interesse. Sie sehen eher wie Menschen drein, die gespannt darauf sind, Gerüchte zu verbreiten." Jasmin ging einfach weiter. Im Konferenzzimmer hätte sie Platz nehmen können, aber sie blieb lieber stehen.

„Wir haben in der Früh Stefan Stragger tot in der Garage aufgefunden. Alles deutet auf einen Selbstmord hin." Franz Bugelnik sprach mit starkem kärntnerischen Akzent. Es klang mehr nach „Frieh" und „Toood" und „olles". Aber Jasmin war ja selbst Kärntnerin, dieser Klang war ihr vertraut. Stefan, Selbstmord? Unmöglich. „Haben Sie in den vergangenen Tagen irgendeine Veränderung bei ihm festgestellt?" „Hobn", „Togn", „feestgestölt". „Wie kommen Sie überhaupt auf mich?", fragte Jasmin. „Wir haben auf seinem Handy viele SMS gefunden, die meisten kamen von Ihnen – und es war klar, dass Sie ein enges Verhältnis hatten." Jasmin überlegte. Sollte sie dem Herrn Inspektor sagen, dass sie mit Stefan … „Wir waren seit drei Jahren zusammen, nächstes Jahr wollten wir heiraten, aber …" Sie konnte den Satz nicht zu Ende sprechen. Ihre Kehle war wie zugeschnürt. Sie setzte sich nieder.

„Möchten Sie ein Glas Wasser?", fragte Franz Bugelnik. Sie nickte und zeigte mit der Hand auf die hinter ihr liegende Tür, hinter der sich eine kleine Küche befand. Während Bugelnik an Jasmin vorbeiging, schoss ihr das Telefongespräch durch den Kopf, das sie am Vorabend mit Stefan geführt hatte: Er hatte so bestimmt geklungen, als er ihr sagte, dass sie nicht zu ihm kommen solle. Irgendetwas, so erinnerte sie sich, war in seiner Stimme gewesen, das sie beunruhigte. Dass er wieder viel zu schreiben hatte, hatte sie ihm zwar geglaubt, aber gestern war es ihr nicht ehrlich erschienen. Bugelnik war unterdessen aus der Küche zurück, in der Hand hielt er ein Glas Wasser. Es war angenehm kalt, das konnte Jasmin erkennen, noch bevor sich ihre Finger um das Gefäß schlossen und dabei leicht die kräftige Hand des Inspektors berührten. „Wer hat Sie denn informiert?", wollte Jasmin wissen. Bugelnik zögerte. Konnte er …? Warum nicht, sie würde es ja ohnehin bald erfahren, abgesehen davon, dass Journalisten alles herausfinden, wenn sie nur wollen. „Die Nachbarin hat uns angerufen. Sie war mit dem Fahrrad unterwegs, und als sie bei Stefans Haus vorbeikam, hörte sie hinter dem Garagentor, das geschlossen war, Motorengeräusch." Jasmin dachte nach: Stefan war so lebenslustig, stets fröhlich, er war zufrieden mit seinem Job und das Buchprojekt, über das er nicht sprechen wollte („Du darfst es als erste lesen, aber erst, wenn es einmal fertig ist", hatte er immer dann gesagt, wenn sie ihn wieder danach fragte), kam gut voran, jedenfalls nach seinen Aussagen. Das Buch – ob sein Tod etwas mit dem Inhalt zu tun haben könnte? Jasmin war wütend, dass sie Stefan nicht überreden hatte können, ihr wenigstens ein bisschen was von der Story zu verraten. Aber er war richtig stur geblieben. So sind sie halt, hatte sie sich gesagt, die Leute, die für das Heeresnachrichtenamt arbeiten. Immer ein wenig verschlossen, die Geheimniskrämerei reichte bis ins Privatleben.

„Frau Köpperl, fällt Ihnen irgendetwas ein, das Ihnen seltsam vorgekommen ist? Etwas, das Ihnen jetzt, angesichts des Todes, in einem anderen Licht erscheint?" Jasmin blickte den Revierinspektor an. Seine freundlichen grünen Augen strahlten Wärme aus, sie hatte das Gefühl, sich diesem Mann anvertrauen zu können. „Ich verstehe nicht, wie so etwas passieren kann. Gestern wollte er nicht, dass ich vorbeikomme. Er habe eine wichtige Arbeit, sagte er mir am Telefon, aber ich hatte das Gefühl, dass irgendetwas anderes dahintersteckte."

Bugelnik richtete sich im Sessel auf, sein Aufmerksamkeitsgrad erhöhte sich. „Würden Sie mit mir zu seinem Haus fahren? Ich weiß, dass es für Sie nicht leicht sein wird. Aber Zeit ist ein ganz wichtiger Faktor, wenn Ihnen irgendetwas seltsam erscheint." Jasmin war sich nicht sicher. Was sollte sie in Stefans Wohnung finden, das der Polizei helfen könnte? Andererseits, ihre journalistische Neugier und auch ihr persönliches Interesse, den Tod Stefans aufzuklären, waren stärker. „Ich komme mit Ihnen. Geben Sie mir nur ein paar Minuten, ich muss noch ein paar Kleinigkeiten erledigen."

Stefans Haus war nur zehn Minuten von der Redaktion entfernt. Er hatte es vor fünf Jahren gekauft, ein schmuckes Vorstadt-Häuschen, gar nicht weit vom Wörthersee entfernt. Keine schlechte Adresse für einen Beamten, hatte sich Jasmin gedacht, als Stefan sie das erste Mal zu sich mitgenommen hatte. Bugelnik lenkte das Dienstfahrzeug in die Einfahrt. Noch bevor sein Wagen ganz zum Stillstand kam, machte ihn etwas stutzig. Sie stiegen aus, schritten die sechs Stufen zur Eingangstür hinauf und dann sahen sie es: Zwischen Tür und Türstock waren mehrere grellgelbe Aufkleber angebracht: „Betreten strengstens verboten – HNA – Zuwiderhandelnde werden gerichtlich verfolgt."

Stefan Stragger war ein außergewöhnlich talentierter Mann. Schon in der Schule war den Lehrern aufgefallen, wie vielfältig interessiert der Bub war: Nicht nur, dass er politisch stets auf dem Laufenden war wie wenige in seiner Altersklasse, er hatte auch eine außergewöhnliche Gabe, sowohl Erlebtes als auch Erfundenes in faszinierend lesenswerte Aufsätze zu gießen. Immer wenn seine Mutter zum Elternsprechtag erschien, lobte ihn der Deutsch-Professor über alle Maßen. „Sie müssen ihn überzeugen, dass er seine Talente nützt, aus ihm wird sicher noch ein großer Schriftsteller." Zuhause, in einem kleinen Ort in Südkärnten, zog er sich nach der Schule meist in sein Zimmer zurück. Wenn andere Buben ihn zum Fußball oder im Winter zum Eislaufen auf dem nahegelegenen, zugefrorenen See abholen wollten, sagte er meistens Nein. Nur selten ließ er sich überreden, aber wenn er doch mitkam, dann schoss er die wichtigsten Tore oder flitzte mit seinen Eislaufschuhen eleganter als jeder andere über den See.

Zu seinen wirklichen Leidenschaften zählte das Theater. Immer wieder gelang es ihm, bei Proben im Stadttheater dabei zu sein; der damalige Intendant, Herbert Wochinz, war auf den jungen Burschen aufmerksam geworden, als er sich einmal in den Saal hineingeschlichen und sich nur zwei Sitze neben ihm niedergelassen hatte. „Sauschlachten" von Peter Turrini wurde damals gerade geprobt, Stefan verfolgte das Stück, oder besser das, was gerade zu einem Stück wurde, mit weit aufgerissenen Augen. Wochinz sprach ihn an und war schnell fasziniert von Stefans Wissen und Theaterleidenschaft. Danach erlaubte ihm der Intendant quasi mit einer Generalvollmacht, immer wieder bei den Proben dabei zu sein.

Nach der Matura in Klagenfurt, die er mit Auszeichnung bestand, inskribierte er in Graz Jus. Er kam nur selten nach

Hause, zu den wenigen Freunden aus seiner Schulzeit hatte er kaum noch Kontakt. Graz war so etwas wie eine Großstadt für den jungen Mann aus dem kleinen Dorf, und Stefan brauchte einige Zeit, um sich zurechtzufinden. Nicht so sehr geografisch, das war nicht schwierig gewesen, sondern sozial – die anderen Studenten gingen fast jeden Abend in eine Kneipe oder in ein Szenelokal, nur Stefan war auch dazu schwer zu überreden. Nach und nach wurde er lockerer, das verdankte er auch seiner ersten Freundin, Karina, einer lebenslustigen, sportlichen Geografie- und Turnstudentin, die ebenfalls aus Kärnten kam und die Stefan rasch deutlich machte, dass das Leben aus mehr als nur dem Studium von Paragrafen besteht.

Zwei Jahre danach, ziemlich gleichzeitig mit dem Abschluss seines Studiums, zerbrach die Liebe wieder. Karina hatte einfach genug davon, dass sich Stefan für die Jurisprudenz mehr zu interessieren schien als für sie. Er arbeitete gerade an der Uni, da packte sie all ihre Sachen und zog aus. Den Brief, den sie hinterließ und in dem sie ihm ziemlich ausführlich mitteilte, dass sie diese Art der Zweisamkeit nicht länger aushielt („… mehr als einmal habe ich das Gefühl gehabt, du bist ganz woanders, selbst wenn wir uns ganz nahe waren …") beantwortete er mit einem Telefonanruf. Aber Karina ließ sich nicht umstimmen. Und weil Stefan zu dieser Zeit ohnehin auf Jobsuche war, ließ sein Liebeswerben bald nach.

Er hatte Glück: Das Heeresnachrichtenamt suchte einen jungen Juristen, allerdings in Wien. Und so zog Stefan Stragger nur wenige Wochen, nachdem er das Studium abgeschlossen hatte, in die Bundeshauptstadt. Doch richtig wohl fühlte er sich dort nie. Sein Freundeskreis war begrenzt, sicher lag das auch an seinem Job, der sehr viel mit Geheimhaltung zu tun hatte. Es war schwierig, am Abend Bekannte zu treffen und dabei wenig – oder sogar nichts – über den Beruf erzählen zu können: Während des Balkan-Kriegs sammelten die Spezialisten Informationen, die nicht einmal die Amerikaner hatten; jedenfalls so lange nicht, bis die US-Botschaft die österreichischen Spione mit mildem Druck dazu brachte, dieses Wissen an sie weiterzugeben.

Stragger war richtig froh, als er eines Tages von seinem Vorgesetzten gefragt wurde, ob er nicht nach Kärnten übersiedeln wolle. Dort sei eine Stelle zu besetzen, für die er besonders geeignet erschien: In unmittelbarer Nähe zur italienischen und slowenischen Grenze gebe es für die Spionageeinheit des Bundesheeres ein reichhaltiges Tätigkeitsgebiet. Stefan Stragger stimmte sofort zu.

Jasmin Köpperl öffnete die hellrote Papiermappe, die auf dem Stuhl neben ihrer Handtasche lag, und holte die nächsten zwei Seiten eng bedrucktes Papier hervor. Vielleicht, so dachte sie, gibt mir das Aufschlüsse darüber, woran Stefan gearbeitet hat.

Von: straggerst@aon.at
An: jasmin.koepperl@gmx.at
Die letzte halbe Stunde vor seiner Abfahrt ins Büro reservierte David immer für das Zeitunglesen. Die „Washington Post" und die „New York Times" gehörten zu seiner Stammlektüre, schon aus Tradition, weniger aus echter Begeisterung. An der „Post" schätzte er, dass sie ihn immer über die Ereignisse in seiner Nachbarschaft informierte. Schließlich gab es da die eigene „Montgomery County Edition", in der sah er sich auch immer die Todesanzeigen an („John Safire, geliebter Gatte von Sarah ...") und fühlte sich beruhigt, wenn niemand seines Alters gestorben war. Die NYT las er nicht zuletzt wegen der Außenpolitik. Er war an Europa interessiert, das hatte etwas mit seiner Herkunft zu tun, schließlich war sein Großvater Joshua noch in Wien geboren (damals hieß er allerdings noch Krimmich).

David blätterte in der „Times". Meist überflog er die Überschriften, er hatte zu wenig Interesse daran herauszufinden, warum sich „São Paulo als Kidnapping-Hauptstadt Brasiliens" erwies oder warum der „Oberste Gerichtshof ein Kasino in Texas" schloss, doch bei „Die Küchenchefin: Franziska Sorger" blieb er kurz hängen. Klingt wie eine Österreicherin, dachte er, und tatsächlich, als er weiterlas, erfuhr er, dass Sorger ein Lokal in New York führte und bereits sieben ähnliche Kolumnen wie die heutige über den Apfelstrudel geschrieben hatte. David wollte schon zur Schere greifen, die Eleanor immer in die dritte Küchenlade legte, um den Artikel seiner Mutter nach Miami zu schicken, aber beim Zurückblättern leuchtete ihm noch ein Titel entgegen: "World Briefing – Europe: Austria: Haider Defends Iraq Visit". Es waren nur wenige Zeilen, aber der Inhalt ließ David erschauern: "... traf sich mit Saddam Hussein ... aus humanitären Gründen ... fordert ein Ende der UNO-Sanktionen ... kritisiert die US-Politik gegenüber dem Irak ..." Kurz blickte er von der Zeitung auf. Das war's wohl, dachte er, das passt jetzt genau ins Schema: Haiders mehrmalige Treffen mit Muammar Gaddafi, die enge Beziehung zu dessen Sohn Saif, der Besuch im Iran, und andererseits das immer wieder dementierte, aber durch seine Äußerungen schwer widerlegbare Naheverhältnis zu nationalsozialistischem Gedankengut, die Annäherungen an rechtsradikale Parteien quer durch Europa ... David stand auf, ging zur Stiege, die in den ersten Stock führte, und horchte. Er hörte Wasser rauschen, Eleanor war in der Dusche. Er drehte sich um, machte ein paar Schritte zum Telefon und wählte eine Nummer in D.C.

Haider. Der ehemalige Kärntner Landeshauptmann. Stefan wollte am Donnerstag nicht, dass Jasmin zum ihm kommt, weil er an etwas besonders Wichtigem arbeitete. Was es genau war, wollte er ihr nicht sagen, am Telefon war er nie wirklich gesprächig. Aber jetzt war sie überzeugt, dass es etwas mit Haider zu tun haben musste. Was, wenn Stefan den überraschenden Tod Jörg Haiders vor fünf Jahren untersucht und zu einem anderen Schluss als die offizielle Expertenmeinung gekommen war? So verwunderlich wäre das nicht, schließlich stand Stefan im Dienst des Heeresnachrichtenamtes: Wenn jemand einem ausländischen Geheimdienst – wenn ein solcher denn tatsächlich involviert gewesen sein sollte – auf der Spur war, dann würde Stefan ganz eng eingebunden sein. Andererseits: Jasmin war überzeugt, dass die offizielle Version nach Haiders Verkehrsunfall, dem hohen Alkoholgehalt in seinem Blut, gestimmt hatte – alles andere waren nur Gerüchte, die nach dem plötzlichen Tod jedes charismatischen Politikers auftauchten. Und das Internet machte es heutzutage ohnehin jedem Spinner möglich, seine noch so krausen Theorien zu verfassen und einem breiten Publikum zugänglich zu machen.

Jasmin vergegenwärtigte sich noch einmal jenen Augenblick, als sie mit Franz Bugelnik vor Stefans Haus gestanden hatte. Beide waren verblüfft, als sie die Tür mit dem Aufkleber „Betreten verboten" sahen. Der Inspektor blickte sie an, fragend, und sie war sicher, dass dieser Blick nichts anderes bedeutete als: „Kennen Sie einen anderen Eingang?" „Kommt man da irgendwie anders rein?", fragte er sie, „Sie sind doch hier ein- und ausgegangen." Jasmin überlegte. Sie war immer durch die Eingangstür zu Stefan gekommen. Aber sie kannte das Haus natürlich gut – und einmal, es musste so vor einem Jahr gewesen sein, jetzt fiel es ihr ein, hatte Stefan sie in den Keller geführt. Eigentlich wollte er ihr nur den Weinkeller zeigen, er hatte einen bemerkenswert guten Geschmack, vor allem was französische und italienische Rotweine betraf (sie hatte, ganz willkürlich, ein paar Flaschen aus dem aus Ziegeln und Mörtel errichteten Gestell gezogen und die Etiketten gelesen: „Hermitage La Petite Chapelle" und „Gigondas Rouge Montirius Confidentiel" neben einem „Gran Sasso Pecorino Terre di Chieti" und einem „Canaletto Montepulciano d'Abruzzo"). Aber statt sie einen Wein auswählen zu lassen, sagte Stefan plötzlich: „Kannst du etwas für dich behalten?" „Du meinst, ich soll niemandem etwas über deine Weinsammlung erzählen?" Nein, das war es nicht. Er ging in den nächsten Raum, da standen ein paar Schränke, einige wackelige Regale, auf denen Ölkanister lagen, einer neben dem anderen, unterschiedlichstes Werkzeug, eine Hacke, mehrere Container mit verschiedenen Lacken. Doch Stefan schritt auf einen Schrank zu, es war ein altdeutscher Riese, mit wunderschönen Holzintarsien. Der stand da, als wollte er jemandem den Weg versperren. Stefan schob ihn mit etwas Anstrengung von der Wand weg, hantierte mit der Rückwand und im Nu hatte sich diese vom Rahmen gelöst. Dann öffnete er die Schranktür und zeigte auf einen quadratischen Ausschnitt, der sich an der Wand abzeichnete. „Was ist das, ein Safe?", fragte Jasmin. „Warte, gleich wirst du's sehen", antwortete Stefan und deutete mit einem leichten Lächeln an, dass sich dahinter mehr versteckte. Er hob den Arm, griff unter die Schrankabdeckung und holte einen Schlüssel hervor. Den steckte er in ein Schlüsselloch in die viereckige Abdeckung an der Wand, drehte ihn einmal, zweimal herum und öffnete sie. Doch das erste, was Jasmin auffiel, war, dass der dahinter liegende Raum leer schien. Und es roch: Jasmin zog die Luft ein und versuchte den Geruch zu identifizieren. Er hatte etwas Feuchtes an sich, vielleicht sogar Schimmliges, auf jeden Fall war es Luft, die nach Draußen roch. „Das ist mein Fluchtweg", sagte Stefan, so lässig, als hätte er gerade einen Spazierweg beschrieben. „Was meinst du mit ‚Fluchtweg'?" „In meiner Position beim Heer muss ich auf alles vorbereitet sein", sagte Stefan. Als ihn Jasmin fragend anblickte, drehte er sich weg und murmelte nur: „Ach, für alle Fälle, vergiss es." Und das war es dann auch. Er schloss den kleinen Eingang wieder, brachte die Platte hinter dem Schrank in Position, schob diesen wieder an die Wand und ging mit Jasmin, nicht ohne vorher noch eine Flasche Rotwein aus dem Lager zu nehmen, wieder nach oben.

„Wenn mein Eindruck von damals stimmt, dann muss es im Garten irgendeinen Zugang zum Haus geben", sagte Jasmin und deutete mit der Hand auf die Rückseite des Gebäudes. Kaum hatte sie den Satz zu Ende gesprochen, war Franz Bugelnik schon nach hinten unterwegs. Mittlerweile war es dunkel, mit seiner Taschenlampe leuchtete Bugelnik den Rasen ab. „Haben Sie eine Ahnung, wo der Ausgang, oder besser der Eingang, sein könnte?" „Stefan hat mir nicht mehr gesagt, als ich Ihnen erzählt habe", antwortete Jasmin, „es ist auch schon lange her und ich habe diesen Fluchtweg, oder was immer, ja nur von innen gesehen. Ich weiß nicht einmal, ob mir Stefan die Wahrheit gesagt hat."

Bugelnik ging auf die Holzhütte zu, die an der Grundstücksgrenze stand. Ein offenes Vorhängeschloss hielt die Tür zu, er öffnete sie rasch und blickte sich um. Zwei alte Fahrräder standen in der einen Ecke, in der anderen war ein Rasenmäher zu erkennen – er war mit einer Plane zugedeckt, aber der Schubteil ragte hervor und verriet das Gerät. „Hier, nehmen Sie die Lampe", sagte Franz Bugelnik, „leuchten Sie hierher", und deutete auf die Plane. Dann beugte er sich nieder und zog an dem grünen Plastik. Um den Rasenmäher herum nahm er ein Viereck wahr, ganz undeutlich, aber es hob sich von der Erde ab. Bugelnik nahm Jasmin die Lampe wieder ab und leuchtete wie wild an den Wänden entlang: Als er einen Spaten entdeckte, nahm er ihn, gab Jasmin die Taschenlampe zurück und begann zu graben. Rasch stellte sich heraus, dass sie gefunden hatten, wonach sie suchten. Schon ein paar Zentimeter unter der Erde erklang ein metallisches Geräusch. „Das muss es sein, das klingt wie eine Eisentür", sagte Bugelnik, und schon kurz danach hatte er sie freigelegt.

Ein klirrendes Glas, das der Kellnerin auf den Boden gefallen war, riss Jasmin aus ihren Gedanken. Es war Zeit zu gehen. Sie stand auf, nahm die Kassenzettel, die auf dem Tisch lagen, ihre Handtasche, die hellrote Papiermappe, zahlte und verließ das Lokal. Zurück in die Redaktion war es nur ein kurzer Fußmarsch – sie entschloss sich, die Bahnhofstraße nach Süden zu nehmen und in der Karfreit-Straße links abzubiegen. Als sie bei der Kreuzung ankam, sah sie in der Schaufensterscheibe gegenüber ihr eigenes Spiegelbild und wenige Meter dahinter einen Mann mit einem Trachtenhut, in dem eine Feder steckte. Jasmin nahm ihn kaum wahr, schließlich war sie auf einer belebten Innenstadtstraße unterwegs, oder jedenfalls einer Einkaufsstraße, die früher einmal belebt war.

Früher, wenn sie nach der Schule genug Zeit bis zur Abfahrt ihres Zuges nach Hause hatte – die Eltern hatten sie ins slowenische Gymnasium geschickt –, war sie oft durch die Stadt gebummelt. Beim Grüner hatte sie sich im Schaufenster immer die neueste Mode angesehen, in der Buchhandlung Kollitsch besorgte sie sich die Bücher, die sie schon als Teenager verschlang, daneben im Fahrradgeschäft sah sie lange Zeit ein weißes Sportrad, das sie für ihr Leben gerne gehabt hätte, aber die Eltern konnten sich solche Ausgaben nicht leisten. Der Vater hatte bei der Firma Leitgeb in Kühnsdorf gearbeitet, der holzverarbeitende Betrieb war einer der größten Arbeitgeber in der Region. Dass ihr Vater Kärntner Slowene und dennoch in einem Werk beschäftigt war, in dem zwei Brüder des Firmenbesitzers am Ende des Zweiten Weltkriegs von Partisanen nach Jugoslawien verschleppt worden waren und nie wieder auftauchten, war Jasmin erst viel später bewusst geworden.

Als sie in der Redaktion ankam, begegneten ihr wieder diese fragenden Blicke. Auch wenn viele der Kollegen und Kolleginnen im Lauf der Zeit gute Freunde geworden waren, es war niemand dabei, dem sie sich hätte anvertrauen können – vielleicht auch aus Sorge darüber, dass der eine oder andere daraus dann doch einen Artikel verfassen würde. Auf das „Jasmin, ist was?" oder „Jasmin, kann ich dir helfen?" hatte sie bisher immer mit einem Kopfschütteln reagiert und man hatte sie – noch – in Ruhe gelassen. Jasmin wusste, dass dieser Zustand nicht mehr lange aufrechtzuhalten war. Sie setzte sich an ihren Platz, öffnete die hellrote Mappe und nahm wieder ein paar Blätter heraus.

Von: straggerst@aon.at
An: jasmin.koepperl@gmx.at
Nach dem kurzen Telefongespräch lief David Krimnick die Stiegen nach oben. Eleanor hatte sich nach dem Duschen nur ein großes Handtuch umgebunden, ihre Haare hingen nass herunter, sie hasste es, wenn man sie bei der Morgentoilette störte. David wusste das nur allzu gut, darum verabschiedete er sich auch nur kurz – „see you tonight" – und verließ das Haus. In der Einfahrt stand sein Acura, damit fuhr er nach D.C. Vorbei an der Defense Mapping Agency – ein riesiger Komplex für Geheimdienstagenten, die nichts anderes taten, als Satelliten-Fotos auszuwerten. Vor allem nach den Angriffen auf das World Trade Center in New York am 11. September 2001 waren die Computer der DMA heißgelaufen: Irak und Afghanistan wurden genau ins Visier genommen, Saddam Husseins Waffenlager, oder was man dafür hielt, wurde bis ins kleinste Detail observiert. Und danach hatte Außenminister Colin Powell vor aller Welt im UNO-Sicherheitsrat Fotos von genau dieser Agentur vorgelegt, die beweisen sollten, dass der Irak Fahrzeuge mit biologischen Waffen in Stellung gebracht hatte. Es waren jene Dokumente, die auch die letzten Zweifel unter den Alliierten ausräumen sollten, dass Saddam Hussein tatsächlich Böses im Schilde führte.

Sie trafen sich in Georgetown. Er hatte die P-Street an der Ecke zur 33. Straße gut in Erinnerung: Jedes Mal, wenn er mit seinem Wagen nach D.C. fuhr, fürchtete er sich vor dem Stau in der 36. Straße – dann bog er meist links ab und kam auf das Kopfsteinpflaster mit den schmalen Straßenbahnschienen, die schon vier Jahrzehnte keine Tramway mehr gesehen hatten. Doch aus unerfindlichen Gründen wollten die Bewohner in ihren kostbaren Einfamilienhäusern daran nichts geändert haben. Weniger aus sentimental-historischen Gründen, eher weil dadurch weniger Autos durchrasten. Von „rasen" war ohnehin keine Rede, denn jedes nur ein wenig ältere Fahrzeug wurde so durchgerüttelt und durchgeschüttelt, dass man Sorge haben musste, am Ende, wenn es endlich wieder auf Asphalt weiterging, wie Hänsel und Gretel anhand der verlorenen Schrauben den Weg zurückverfolgen zu können.

David war schon ein paar Minuten vor dem vereinbarten Termin angekommen, er hatte sogar einen Parkplatz gefunden, hier konnte man noch zwei Stunden stehen, ohne dafür bezahlen zu müssen. Er hatte eine blaue Mappe in der Hand, und er weil noch ein wenig Zeit hatte, spazierte er gemütlich einmal um den Block. An einer Ecke fiel ihm ein geparktes, dunkelblaues Mustang-Cabrio auf. Er erkannte es sofort als Baujahr 1968, die Schnauze war schon ein wenig abgerundet, ebenso die Heckflosse. Das Stoffdach war noch in gutem Zustand, wahrscheinlich ohnehin schon mindestens einmal ersetzt, dachte David. Er kannte sich da gut aus, Oldtimer waren eine seiner Leidenschaften. Auch wenn er selbst noch keinen in der Garage hatte, mit dem hier könnte er einen Anfang machen, er musste nur noch den häuslichen Widerstand überwinden: Eleanor hatte ihm immer gedroht auszuziehen, sollte er einmal mit so einem „Gerümpel", wie sie es nannte, aufkreuzen.

Er schrieb sich die Nummerntafel auf (für ihn war es kein Problem, im Motor Vehicle Department anzurufen und he-

rauszufinden, wem das Kennzeichen gehörte), machte noch eine Runde um den Wagen und ging dann wieder zurück zur P-Street. Schon aus einiger Entfernung sah er Peter etwa in der Mitte des Blocks stehen: Er trug einen grauen Anzug, ein weißes Hemd mit einer einfarbigen, blauen Krawatte, und sein Gesicht wurde von einer dunklen Sonnenbrille halb abgedeckt. Selbst wenn man es nicht wusste, Peter sah aus, wie man sich einen CIA-Agenten vorstellte: Vor allem das kurzgeschnittene Haar ließ keinen Zweifel daran. Die beiden kannten einander noch aus College-Tagen, sie spielten damals beide im selben Football-Team und nach den hitzigen Kämpfen entspannten sie sich gemeinsam in derselben Bar. Einmal stand die Freundschaft auf der Probe, als Peter David ein Mädchen ausspannte, mit dem David schon ein halbes Jahr zusammen war. Samantha war eine attraktive, blonde Schönheit, nur – das fand David dann bald heraus, und nicht aus einem „Saure-Trauben-Komplex" – legte sie mehr Wert auf Äußerlichkeiten als auf akademische Fortschritte. Aber auch das sorgte damals nur für kurzen Streit, David traf bald darauf Eleanor und die emotionale Ordnung war wieder hergestellt. Selbst als sie dann ihre eigenen Wege gingen und einander für ein paar Jahre aus den Augen verloren, schlossen sie, als sie beide im Großraum Washington beruflich tätig wurden, sofort wieder dort an, wo sie zuvor aufgehört hatten.

Sie begrüßten einander freundlich, David erzählte ihm vom Mustang, das war so frisch in seinem Kopf, er musste es einfach loswerden. „Hast du mich hierher bestellt, damit wir über Autos sprechen?", fragte Peter, halb im Scherz, denn im Anruf vor einer Stunde wollte David nicht einmal andeuten, warum er ihn unbedingt treffen wollte. Und auch jetzt hielt er sich noch zurück. Ein so heikles Thema, dessen war sich David bewusst, konnte man nicht – quasi im Vorübergehen – auf der Straße besprechen.

Jasmin legte das Papier zur Seite. Sie stützte den Kopf auf ihre Hände und schloss die Augen. Vor einem Jahr hatte sie mit Stefan eine USA-Reise gemacht. Lange waren sie zuhause vor dem Computer gesessen und hatten alles geplant. Und jetzt fiel es ihr wieder ein: Ursprünglich wollten sie nur nach New York – endlich einmal die Wolkenkratzer sehen und den Central Park. Sie hatten Glück, das Wetter war strahlend, im Park waren die Bäume gerade dabei, die schönsten Herbstfarben anzulegen, sie waren erstaunt, wie riesig diese „grüne Lunge der Stadt" war. Und auch fürs Shopping hatten sie Zeit eingeplant: Sie hatte vorher extra noch einen New-York-Führer gekauft, „Bloomingdale's" wurde besonders empfohlen, und sie war auch begeistert von der Parfümerieabteilung: ein halbes Stockwerk duftend nach den besten Seifen, Badeölen, Eaux de Toilette.

Von New York aus wollten sie ursprünglich in den Nordosten – sie hatten so viel vom „Indian Summer" gehört und gelesen – nach Boston und dann weiter in den „Arcadia National Park". Aber Stefan wollte unbedingt auch nach Washington, er trommelte ihr geradezu ein, dass eine Reise in die USA ohne Besuch der Hauptstadt das Bild nicht komplett machen würde. Jasmin hatte freilich immer nur Negatives über Washington gehört, so viele Menschen würden dort täglich ermordet, dass sie einfach keine Lust hatte, als Opfer in der Zeitung zu stehen. Sie hatte sich sogar schon die Schlagzeile in der „Washington Post" ausgedacht: „Austrian Journalist Victim of Gun Violence". Doch Stefan hatte sich durchgesetzt: Sie fuhren mit dem „Amtrak" von New York in den Süden: Wenn sie aus dem Fenster blickten, waren sie immer wieder erstaunt, wie viel Schmutz neben den Schienen lag und durch wie viel verkommene Vorstädte sie fuhren, bevor sie in Washington ankamen.

Georgetown schien es Stefan besonders angetan zu haben:

Er sah sich nicht nur die beiden Hauptstraßen M-Street und Wisconsin Avenue genau an – Jasmin hatte nichts dagegen, schließlich gab es dort interessante Geschäfte, die all das anboten, was sie sich vorgenommen hatte nach Hause mitzunehmen (und vieles, was sie – ungeplant – dann auch noch kaufte). Auffällig war nur, dass Stefan unbedingt auch durch die Seitenstraßen gehen wollte, wo es keine Läden gab, sondern wo vorwiegend Einfamilienhäuser und die eine oder andere Kirche standen. Und was sie am meisten verwundert hatte, war, dass Stefan fotografierte, wo sie nichts Besonderes entdecken konnte: eine ganz normale Kreuzung, und – jetzt erinnerte sie sich wieder – die eine Straße, in der die alten Straßenbahnschienen zwischen den groben Kopfsteinpflaster-Steinen steckten.

Dennoch: Am zweiten Tag fühlte sie sich schon richtig wohl. Sie verstand nicht, wer oder was ihr Angst gemacht hatte. Die Menschen waren freundlich, und wenn Stefan einmal den Eindruck vermittelte, er hätte sich verlaufen, war gleich jemand zur Stelle, der ihnen den Weg zurück in die M-Street zeigte. Dort hatte es ihr besonders „Dean & deLuca" angetan: In diesem Spezialitätengeschäft gab es Lebensmittel aus aller Herren Ländern, sogar eine Flasche Original Kürbiskernöl aus der Steiermark hatten sie entdeckt. Wenn sie vom langen Sightseeing müde waren, legten sie dort eine Pause ein, setzten sich unter das großzügige Vordach und tranken einen Kaffee, oder jedenfalls ein Getränk, das unter dem Namen Kaffee verkauft wurde.

„Kaffee" – Jasmin löste sich von ihren Reiseerinnerungen, ging in die Küche und schaltete die Kaffeemaschine ein. Sie drehte das Einstellrad ganz nach rechts – alles andere würde bei ihren Geschmackssensoren nur Widerstand auslösen – und ließ die beinahe schwarze Flüssigkeit in die Tasse rinnen. Sie nahm einen Schluck, und als hätte die Brühe einzelne Gehirnzellen aufgeweckt, kam ihr die Situation mit dem Inspektor bei Stefans Haus in Erinnerung.

„Ich brauche einen Krampen oder etwas Ähnliches!" Bugelnik bemühte sich, mit den Händen die eiserne Platte hochzuheben, aber er scheiterte. Zum Glück gab es im Gartenhäuschen allerlei Werkzeug, auch ein entsprechender Krampen stand in der Ecke. Der Rest war dann ein Kinderspiel: Das spitze Dreieck setzte er in den Spalt ein, drückte gegen den Holzstiel, und schon hob sich der Deckel nach oben – Jasmin griff gemeinsam mit dem Revierinspektor zu und das Loch war frei. Bugelnik leuchtete hinein. Es ging etwa zwei Meter nach unten, danach waren die Umrisse eines horizontalen Ganges zu erkennen. Bugelnik blickte sich um – wieder sah er gleich, wonach er suchte: Eine mannshohe Leiter lehnte hinter der Eingangstür. Er holte sie und ließ sie langsam in die Öffnung hinuntergleiten. „Ich gehe voraus, warten Sie hier, bis ich dort bin, wo der Gang an das Haus stößt." Dann kletterte er die Leiter hinunter, bückte sich und bewegte sich auf allen Vieren aus ihrem Gesichtsfeld. Eine Minute später war er wieder zurück. „Wollen Sie mitkommen?", fragte er Jasmin, „ich meine, Ihre Kleidung wird da sicher einige Flecken abbekommen." Aber Jasmin wollte sich mit solchen Nebensächlichkeiten jetzt nicht abgeben. Ihr war es wichtiger herauszufinden, was mit Stefan geschehen war, Hose und Bluse konnte sie ja schließlich in die Waschmaschine stecken. „Ich komme!", rief sie dem Inspektor nach, der sich wieder umgedreht und in Richtung Keller entfernt hatte. Bugelnik leuchtete mit seiner Lampe immer wieder nach hinten, um Jasmin den Weg zu zeigen. Für zwei Personen war tatsächlich wenig Platz in diesem unterirdischen Gang, vor allem, als sie bei den Mauerziegeln angelangt waren, bekam jeder den anderen zu spüren, oder zumindest zu riechen. Bugelnik stemmte sich mit der Schulter gegen die Eisenabdeckung, aber nichts tat sich. Erst als er sich mit beiden Beinen an der Wand abstützte, hatte er genug Kraft, um die Eisenplatte aufzudrücken. Zum Glück war sie nicht abgeschlossen, dachte Jasmin, sie erinnerte sich noch genau, wie Stefan damals, als er ihr dieses Geheimnis anvertraute, den Schlüssel aus der Schrankabdeckung hervorgeklaubt hatte. Jetzt nahm sie deutlich wahr, wie der Schrank hinter der Wand weggeschoben wurde. Bald war das Loch groß genug, dass ein Mensch durchklettern konnte. „Ich gehe einmal hinein und hole einen Stuhl oder etwas Ähnliches, damit Sie leichter durchkönnen", sagte er und war bereits mit den Beinen voran auf den Kellerboden gesprungen. Er leuchtete den Raum aus, sah einen klapprigen Stuhl in der Ecke stehen und stellte ihn hinter den weggerückten Schrank unter das Loch. „Passen Sie auf, ich weiß nicht, wie stabil der ist", rief er nach oben, wo schon die Stiefel und die Jeans von Jasmin auf ihn zukamen. Bugelnik hob die Arme, Jasmin rutschte mit seiner Hilfe nach unten und landete auf dem Stuhl. „Wie geht es von hier in die Garage?", fragte Bugelnik. Jasmin stand neben ihm, nahm ihm die Lampe aus der Hand und ging mit raschen Schritten auf eine Holztür zu, die am anderen Ende des Raumes im Lichtkegel aufschien. Für einen kurzen Augenblick machte sie sich Sorgen, dass diese Tür eventuell abgesperrt sein könnte, aber als sie den Griff bewegte und nach innen zog, war sie erleichtert. Bugelnik folgte ihr nach oben. Die Stufen führten direkt in die Garage. Jasmin ging auf den Lichtschalter zu, doch der Inspektor hielt sie zurück. „Kein Licht einschalten, es könnte uns jemand von draußen beobachten", sagte er und nahm die Lampe wieder an sich.

Sie drehten sich um und sahen die Umrisse eines Fahrzeugs: Jasmin erkannte den silbergrauen VW Golf, den sich Stefan erst vor einem halben Jahr gekauft hatte. Doch was war das? Fast gleichzeitig machten sie auf dem Fahrersitz eine Figur aus, deren Kopf sich leicht ans Lenkrad anzulehnen schien. Bugelnik wollte Jasmin den Anblick ersparen und versuchte, seine Hand über ihre Augen zu legen – aber sie schob sie weg und ging einen weiteren Schritt auf den Wagen zu: „Leuchten Sie hin!", rief sie, so laut, dass Bugelnik ein wenig erschrak. Bugelnik richtete die Lampe auf das Seitenfenster. „Nein, das kann nicht sein", schrie Jasmin auf – „das, das …" „Beruhigen Sie sich, ich wollte Ihnen den Anblick ersparen …" Bevor er den Satz noch zu Ende sprechen konnte, ergriff ihn Jasmin am rechten Arm. Das Licht der Taschenlampe reflektierte vom silbrig glänzenden Lack des Wagens, Bugelnik sah, mit welch intensivem Blick sie ihn anstarrte. „… das, das ist nicht Stefan! … Das ist … sein Bruder."

"Jasmin, was ist mit Stefan?" Jasmin hob den Kopf und starrte Herbert an. Herbert Katterer war seit eineinhalb Jahren Chefredakteur. Er war einer jener seltenen Spezies in diesem Job, der nicht rauchte und nicht trank, der sensibel mit seinen Mitarbeitern umging und zu dem Jasmin – obwohl er einige Jahre jünger war als sie – absolutes Vertrauen hatte. Als er sich vor vier Monaten hatte scheiden lassen, schüttete er ihr sein Herz aus. Seine Frau hatte ein Verhältnis mit einem jüngeren Mann, er hatte schon längere Zeit einen Verdacht gehegt, aber Christine hatte das immer entschieden von sich gewiesen. "Herbert", sagte Jasmin, nachdem sie die Gedanken an die Geschehnisse in Stefans Garage abgeschüttelt hatte, "Herbert, es ist alles noch völlig unklar. Ich weiß gar nicht, was ich dir sagen soll, irgendwas muss mit Stefan passiert sein. Aber gib mir bitte noch etwas Zeit. Ich verspreche dir, du bist der erste, dem ich erzähle, was vorgefallen ist, wenn ich selbst einmal klarer sehe." Herbert holte Luft, um noch eine Frage zu stellen, aber dann entschied er sich dagegen und verließ ihren Schreibtisch. Jasmin stand auf, ging in die kleine Küche, holte sich ein Glas Wasser und setzte sich wieder an ihren Platz. Dann nahm sie die nächsten Seiten aus der hellroten Mappe und las weiter.

Von: straggerst@aon.at
An: jasmin.koepperl@gmx.at
Die Landung an diesem wunderschönen Frühlingsmorgen des Jahres 1986 am Flughafen in Schwechat war butterweich. Die Boeing 737 von Frankfurt hatte nur wenige Minuten Verspätung, nach dem langen Transatlantikflug waren die Krimnicks froh, endlich in Wien angekommen zu sein. Joshua Krimnick, Davids Großvater, wollte aufstehen und seinen Rucksack aus dem Fach über seinem Sitz holen, um den "New Yorker" zu verstauen, den er gerade gelesen hatte, aber da kam eine

Stewardess auf ihn zu. „Wow", dachte Joshua und lächelte sie an, „wäre die nur auf dem Übersee-Flug nach Frankfurt an Bord gewesen, so eine Figur, der Busen fest wie zwei halbierte Grapefruits." Aber statt mit ihm zu flirten, ermahnte sie ihn, noch so lange sitzen zu bleiben, bis das „Fasten Seat Belt"-Zeichen erloschen war. So lag der „New Yorker" auf seinem Schoß, seine Gedanken kehrten zurück zum Artikel von Elias Canetti. Der Zufall wollte es, dass in diesem Heft Canettis tägliche Besuche im Wiener „Café Museum" beschrieben wurden. Er hatte dort Karl Kraus getroffen, oder besser, Kraus – oder jedenfalls jemand, der ihm verblüffend ähnlich sah – hatte sich an einen Tisch gesetzt, um, wie Canetti schrieb, „allein unter den vielen Gästen zu sein". Das „Café Museum", dachte Joshua Krimnick, müssen wir unbedingt besuchen.

Ein Gong riss ihn aus seinen Gedanken. Unruhe verbreitete sich in den Sitzreihen, jeder wollte der erste sein, um seine Taschen und Säcke aus der Gepäckablage zu holen. Joshua war immerhin schon sechsundsiebzig Jahre alt, aber mit seinem vollen, schlohweißen Haar, das er links gescheitelt trug, sah er deutlich jünger aus. Einmal noch wollte er mit seinem Enkel Wien besuchen, wo er zur Welt gekommen war, wo er die ersten achtundzwanzig Jahre seines Lebens verbracht hatte. Nach seiner Flucht im Jahr 1938 hatte er ursprünglich vorgehabt, mit diesem Kapitel seines Lebens abzuschließen, aber in der Nachkriegszeit verbrachte er als „Besatzungssoldat" (in Wahrheit war er für den Geheimdienst tätig) wieder zwei Jahre in Österreich. Auch wenn die österreichische Bundeshauptstadt um diese Zeit noch in Schutt und Asche lag, faszinierten ihn die Möbel und Kunstgegenstände aus der Jahrhundertwende. Damals verkauften viele aus Not, wovon sie sich am ehesten trennen konnten, um gelegentlich wenigstens ein Kilo Zucker oder ein Stück Fleisch zu erwerben. Joshua Krimnick hatte einen kleinen Lagerraum gemietet und hortete dort die

Schätze, die er zusammengekauft hatte. Als er in den späten Sechzigerjahren den Dienst beim FBI quittierte, verlegte er sich ganz auf das Antiquitäten-Geschäft. Er übersiedelte nach New York, wo er mit dem Handel von kostbaren Gegenständen ein kleines Vermögen aufbaute. So konnte er es sich auch leisten, seine Frau Emily und David, der gerade sein erstes Jahr am College verbrachte und derzeit „Spring Break" hatte, zu dieser emotionalen Reise in die Vergangenheit einzuladen. Schon von Miami aus, wo Joshua Krimnick seit seiner Pensionierung ein Apartment mit Blick auf den Atlantik besaß, hatte er einen Mietwagen bestellt, ebenso die Zimmer im Hotel Sacher.

Es schien ewig zu dauern, bis das Gepäck endlich am Rollband auftauchte, Joshua konnte sich von seinem grauen Hartschalenkoffer Marke Samsonite nicht trennen, eines der beiden Schlösser war schon völlig unbrauchbar, darum hatte er sicherheitshalber eine rot-blaues Band mehrmals um den Koffer gewickelt. Emily hatte bei Coach in Miami zwei rötlich-braune Lederkoffer erstanden, die im Geschäft verführerisch ausgesehen hatten, aber jetzt, nach dem Flug, bereits die ersten Kratzer aufwiesen. Nur Davids Nylontasche fehlte noch. Einige Stücke waren schon mehrmals an ihnen vorbeigekreist, Joshua wollte sich schon zu „Lost and Found" aufmachen, aber da tauchte Davids dicke Wurst dann doch noch auf. Seine Mutter hatte ihn am Vortag noch gefragt, ob sie ihm packen helfen solle, aber er hatte das strikt von sich gewiesen.

Als sie reibungslos am Zollbeamten vorbeimarschiert waren (sie hatten tatsächlich auch nichts zu verzollen, wem hätten sie auch etwas mitbringen sollen?), musterten sie in der Empfangshalle die Gruppe von Männern, die mit dunklen Hosen, weißen Hemden und Schildern in der Hand („Mr. Demota", „Pfizer", „Herr Dir. Knesbach") deutlich erkennen ließen, dass sie auf ganz bestimmte Fluggäste warteten. Die Krimnicks lasen angestrengt alle Namen, blickten sich auch um und dann an – aber nirgends war ein Schild mit „Krimnick" zu lesen. „Bist du auch sicher, dass du den Wagen bestellt hast?", fragte Emily ihren Mann skeptisch. Der, müde und geschwächt vom langen Flug, aber doch in kämpferischer Stimmung, bellte zurück: „Glaubst du, ich bin ein Vollidiot? Ich habe einen Brief geschrieben, mit dem genauen Datum, allen Informationen!" „Wie heißt die Agentur?", wollte Emily wissen und blickte über die Köpfe der Reisenden hinweg zu den Informationsständen. Joshua mühte sich sichtlich, den Namen aus den hintersten Windungen seines Gehirns hervorzuzaubern. In diesem Moment sah er das Firmenschild ganz weit hinten und rief: „Ich hab's, ‚Mazur'!" Sie schoben und zogen die Koffer vor und hinter sich her und reihten sich in die kurze Schlange vor die Autovermietung. Als sie drankamen, stellte sich Joshua vor und erkundigte sich mit freundlicher Stimme (Emily hatte ihn eindringlich gebeten, einmal durchzuatmen und nicht gleich aufzubrausen), wo denn nun ihr Wagen sei. Die Dame hinter dem Schalter legte einen Stoß Papiere auf den Tisch und blätterte. Ein Formular nach dem anderen war voll mit Namen, Daten, Automarken, Chauffeuren, man sah ihr deutlich an, wie sie die Liste genau durchging. Plötzlich rief sie: „Hier, Krimnick, das sind doch Sie, oder?" Sie fand sie am 4. Mai statt am 5. April – die amerikanische Art, den Monat vor den Tag zu setzen, hatte offenbar zu diesem Irrtum beigetragen.

Die Hotelzimmer entschädigten sie voll für die Verzögerung am Flughafen. Schon als sie im „Sacher" ankamen und durch den holzgetäfelten Eingang schritten, waren sie beeindruckt: Auch wenn alles längst nicht so großzügig war wie in amerikanischen Hotelhallen, es hatte einfach Stil. Die Wände, die mit kostbaren Stoffen tapeziert waren, die Jahrhunderte alten Stiche, Perserteppiche vom Feinsten und ein Personal, das sich vor jedem Gast verneigte, als würden kaiserlich-königliche Hoheiten an ihnen vorbeischreiten. Nachdem sie mit dem Lift *in den vierten Stock gefahren waren, hatten sie sich getrennt. David hatte ein Extrazimmer bekommen, das weniger wie ein Antiquitätenladen aussah, dafür aber das ausstrahlte, was ihm sein Großvater einmal mit „Gemutlichkeit" beschrieben hatte. Er warf sich aufs Bett, spürte, wie unter dem Überwurf eine füllige Tuchent seinem Gewicht nachgab und schlief nach wenigen Minuten fest ein.*

„Wie bitte? Das ist nicht Stefan?" Inspektor Bugelnik blickte Jasmin an, dann leuchtete er mit seiner Lampe nochmals auf den Kopf des Mannes, der am Lenkrad lehnte. „Aber wir haben doch Stefans Handy in seinem Sakko gefunden, sein Führerschein steckte in seiner Brieftasche!" Jetzt fiel ihm ein, dass er das Bild im Führerschein nur ganz oberflächlich betrachtet hatte, er erinnerte sich an ein Milchbuben-Gesicht, wie so oft war eine Ähnlichkeit mit dem Besitzer zwanzig oder dreißig Jahre später kaum mehr auszumachen. „Was heißt, das ist sein Bruder?" Jasmins Herz schlug immer heftiger. Sie war fest darauf vorbereitet gewesen, Stefan tot vorzufinden, oder eigentlich war sie nur überzeugt, dass Stefan tot war, schließlich hatte sie das ja von kompetenter Seite übermittelt bekommen, aber jetzt öffneten sich völlig neue Perspektiven. Stefans Bruder war erst vor einigen Tagen ganz plötzlich verstorben, er war fünfzig Jahre alt geworden, man vermutete einen Gehirnschlag, aber Genaueres würde man erst bei der Obduktion erfahren. Obwohl sie nur zwei Jahre auseinander waren, hatten Stefan und sein Bruder in der jüngeren Vergangenheit nicht allzu viel Kontakt zueinander gehabt. Stefan hatte das Gefühl, sein Bruder, der immer etwas Alternatives an sich gehabt hatte, sei mit seiner Berufswahl, zum Bundesheer zu gehen, alles andere als einverstanden gewesen. „Stefan muss aus dem Haus geflüchtet sein, irgendetwas muss ihm gesagt haben, dass er von hier fort muss."

Bugelnik hob seine Kappe und kratzte sich am Kopf. „Wir sind von einem Selbstmord ausgegangen, aber jetzt haben wir einen ganz anderen Fall: Irgendjemand wollte uns Stefan Stragger als Toten präsentieren. Vielleicht – aber das ist jetzt nur eine Theorie – wollten sie Stefan hier im Haus töten. Aber weil er rechtzeitig die Flucht ergriffen hat, sollten wir zumindest annehmen, dass Stefan tot ist, damit der- oder diejenigen, die ihn aus dem Weg räumen wollten, das nun in aller Ruhe erledigen können. Wir müssen dringend Herrn Stragger finden, wenn er sich nicht von selbst meldet."

Kriminalinspektor Bugelnik stand vor einer schwierigen Situation: Er war – mehr oder weniger – illegal in das Haus eingedrungen. Er wusste nicht, warum das HNA den Zugang „verklebt" hatte, und warum die Leiche von Stefan, die es nun doch nicht war, nicht abtransportiert worden war, obwohl er den Auftrag dazu gegeben hatte. Jetzt fühlte er sich wie ein Einbrecher, obwohl er doch jene Person war, die von Gesetzes wegen zur Aufklärung von Verbrechen autorisiert war. Würden die Herren (und er dachte nicht eine Sekunde daran, dass da auch eine Frau dabei sein könnte), würden die Herren vom Heeresnachrichtenamt gleich wieder zurückkommen? Was sollte er ihnen dann sagen? Oder waren nicht eher sie ihm Rechenschaft schuldig? Bugelnik beschloss, vorsichtig zu sein, aber dennoch nicht ganz seine Pflicht aufzugeben, nämlich einen Mord – wenn ein derartiger tatsächlich geplant war – zu verhindern.

Er nahm Jasmin an der Hand, ließ sie aber gleich wieder los, weil er merkte, dass ihm das nicht zustand: „Hatte er so etwas wie ein Büro hier?", fragte Bugelnik. Jasmin bat ihn um die Taschenlampe und ging voraus. Zwei Stufen führten aus der Garage in den Wohnbereich. Auf dem Boden des Vorzimmers lag ein Teppich, sie richtete den Strahl der Lampe darauf, dann leuchtete sie zur Eingangstür, aber Bugelnik raunte ihr zu, den Schein nicht auf irgendein Fenster oder Glas zu richten. Von den drei Türen waren zwei halb geöffnet. Jasmin erklärte mit gedämpfter Stimme, eine führe in die Küche und eine ins Wohnzimmer. Hinter der dritten Tür, die geschlossen war, sei sein Büro. Bugelnik nahm ihr die Taschenlampe ab, zog ein paar dünne Gummihandschuhe aus der Tasche und streifte sie über. „Fassen Sie nichts an, das ist absolut wichtig", flüsterte er ihr zu und öffnete die Tür.

Von: straggerst@aon.at
An: jasmin.koepperl@gmx.at

Die Jacht krachte aufs Wasser. Kapitän Zoran Mitśić hatte das Steuerrad fest im Griff, mit der rechten Hand schob er den Gashebel fast bis zum Anschlag. Die zwei Dieselmotoren brummten sonor im Bauch des Schiffes. Die „Madeleine" sah schon im Hafen schnittig aus, mit ihren schwarz getönten Scheiben, die auf der Seite nach vorne zugespitzt waren. Dazu kamen je vier ovale Bugaugen unter der breiten Chromleiste, die sich rund um den Schiffskörper zog. Lediglich das Alu-Geländer, das vom Heck bis zum Bug Passagiere beim Sonnenbad schützen sollte, störte ein wenig den eleganten Gesamteindruck. Die drei Kabinen im Unterdeck waren nur zur Hälfte besetzt, der Gast aus Österreich hatte sich auserbeten, diese Ausfahrt vom kroatischen Poreč aus mit möglichst wenig Passagieren zu unternehmen. Und die, die an Bord waren, hatte er persönlich ausgewählt.

Die Mahagoni-Tür von Kabine Zwei öffnete sich und heraus trat ein junger Mann: Niko hatte schwarzes, gelocktes Haar, stechende blaue Augen, sein muskulöser, nackter Oberkörper verriet, dass er sich viel Zeit fürs tägliche Fitnessprogramm nahm. Seine Haut schimmerte golden bis zu seinen makellosen Füßen, bekleidet war er nur mit einer engen, weißen, bis knapp über die Knie reichenden Hose. Sein Mund spiegelte ein verschmitztes Lächeln wider, doch bis er die wenigen Stufen in eine Art Wohnzimmer genommen hatte, war es wieder verschwunden.

In der Lounge waren zwei der vier tiefen Ledersessel besetzt, auf dem Tisch standen ein paar Gläser, gefüllt mit hochprozentigen Drinks, die Eiswürfel klirrten bei jedem Aufprallen des Schiffs auf dem Wasser. Die beiden Männer in den Ledersesseln schenkten den Geräuschen keine Aufmerksamkeit. Sie waren intensiv in ihr Gespräch vertieft. Marko Batović war etwa Mitte vierzig, durch sein dunkles, kurz geschnittenes Haar zogen sich Silberfäden, man konnte ihm ansehen, dass er kein Kostverächter war: Das weiße Hemd, das erst ab dem dritten Knopf zugeknöpft war, wodurch ein Teil seiner grau-schwarz behaarten Brust zum Vorschein kam, wölbte sich leicht über dem Hosengürtel. Als Kabinettchef des kroatischen Ministerpräsidenten saß er zwar im Zentrum der Macht, aber das war auch das Problem: Die meiste Zeit verbrachte er im Sitzen, sowohl im Büro als auch bei den vielen offiziellen Essen.

Schräg gegenüber ragte Bogdan Milotović, seit kurzem Chef der kroatischen Reskro-Bank, deutlich über die Sitzgelegenheit hinaus: Er war knapp zwei Meter groß, seine Schuhe ließ er sich in Maßarbeit herstellen, und auch all seine anderen Extremitäten waren seiner Länge angepasst – die Nase zog sich ungewöhnlich lang über sein Gesicht, und wenn er sprach, ruderten seine Arme mit den eleganten, schlanken Fingern, als würde er gerade den Schlussakkord von Mahlers Neunter Symphonie dirigieren. „Und warum nicht Raiffeisen?", hörte Niko, als er die zwei leeren Gläser ergriff und den Redefluss der beiden mit der Frage unterbrach, ob er ein Abendessen zubereiten solle. „Wo ist denn unser Freund aus Österreich?", fragte Bogdan Milotović und blickte dabei Niko in die Augen. Niko musste zwar auf die Frage vorbereitet gewesen sein, aber er errötete und wies mit der Hand Richtung Unterdeck. „Er wird wohl noch in seiner Kajüte sein, nehm ich einmal an." Die beiden blickten einander vielsagend an, aber keiner wollte das Thema weiter vertiefen. „Ja, bring uns etwas zu essen", sagte Batović, „aber gleich für drei Personen."

Kaum war Niko Richtung Bordküche verschwunden, betrat ein strahlend lächelnder, braungebrannter Mann den Raum. Er trug ein blaues Poloshirt, grellgelbe lange Hosen, seine Füße steckten in hellbraunen Rauleder-Mokassins. „Gentlemen, vot a great trip, and a beautiful ship." „Mr. Haider, schön,

Sie wiederzusehen. Sind Sie auch hungrig? Wir haben gerade das Abendessen bestellt." Jörg Haider legte eine Hand auf seinen Bauch und machte eine kreisförmige Bewegung: „Da hat schon was Platz – ich gehe nur noch kurz aufs Deck hinaus." Und schon durchquerte er den Raum, nahm zwei Stufen auf einmal und war aus dem Blickfeld seiner Gastgeber verschwunden.

„Worüber haben wir gerade gesprochen?", fragte Bogdan Milotović und unterbrach sich sofort selbst. „Ach ja, Raiffeisen – ja, warum machen wir das Geschäft nicht mit Raiffeisen?" Die Frage war nicht unlogisch. Die österreichische Bank mit dem Giebelkreuz als Markenzeichen war schon zehn Jahre auf dem kroatischen Markt tätig, im Kleinkredit-Bereich hatte man sich schon einen so guten Namen gemacht, dass über die Hälfte aller Autokredite in einer der 23 Filialen gebucht wurde. Und auch viele Firmen vertrauten ihr Geld Raiffeisen an. Aber mittlerweile hatte sich die Vier-Länder-Bank als Konkurrentin von Raiffeisen auf der Halbinsel Istrien breitgemacht. Kaum ein Immobilien- oder Grundstücksdeal, der nicht über diese Kärntner Bank lief. Und was die Kroaten besonders zu schätzen wussten: Hinter diesem Institut stand der dynamische, charismatische Kärntner Landeshauptmann. Österreich hatte generell gute Karten auf dem Balkan – schließlich gehörte es zu den ersten Staaten, die nach dem Zerfall Jugoslawiens Kroatien als eigenständigen Staat anerkannt hatten. „Wir werden ja sehen, wie er reagiert", sagte Batović und zeigte Richtung Oberdeck.

Einer freilich wusste genau Bescheid: Er saß, oder besser er stand am Steuer der „Madeleine". Zoran Mitsić konnte es nicht glauben, als der Geschäftsführer der Jacht-Charter, dem die „Madeleine" gehörte, ausgerechnet ihn angerufen und gefragt hatte, ob er ein paar wichtigen Staatsgästen die Schönheit der oberen Adria zeigen würde. Erst nach mehrmaligem Insistieren und einer angedeuteten Drohung ("Wenn Sie mir nicht sagen, wer dabei ist, mache ich das nicht") erfuhr er, wen er an Bord haben würde.

Mitšić hatte in Innsbruck Geschichte studiert, oder zumindest inskribiert. Deutsch hatte er schon als Kind gesprochen, sein Vater war einer von Zehntausenden Jugoslawen, die als Gastarbeiter das deutsche Wirtschaftswunder in den Sechziger- und Siebzigerjahren möglich gemacht hatten. Vielleicht war es die Lebensweise seines Vaters, der jede Mark seines schwer verdienten Geldes in seine Heimat zurückbrachte, um dort nahe am Meer ein Haus zu errichten, die Zoran eher zu den linken als zu den rechten Studenten hingezogen hatte. Mitte September 1986, eigentlich hatte er noch Semesterferien, war er für zwei Tage zu einer Geburtstagsfeier einer Tiroler Freundin nach Österreich gereist. Nur wenige hundert Meter von der Wohnung entfernt, in der er gerade die „Zeit im Bild" verfolgte, feierte ein junger, drahtiger Politiker seinen bislang größten Erfolg. Jörg Haider hatte sich an die Spitze der FPÖ wählen lassen. Die Bilder, die über den Bildschirm flimmerten, weckten beim geschichtsbewussten Zoran Mitšić Assoziationen an das Dritte Reich: die tobende, kreischende Menge, junge Männer, die den neubestellten Obmann auf ihren Schultern durch den Saal trugen. Ein Putsch, dachte Zoran bei sich, so sieht ein Putsch aus, jedenfalls in einer Demokratie.

Seit diesem Tag hatte er, der das Studium bald zugunsten eines lukrativen Jobs in seiner Heimat aufgab, Haider nicht mehr aus seinem Gedächtnis streichen können: Er verschlang österreichische Tageszeitungen, die im Sommer in Poreč ohnehin fast an jeder Ecke verkauft wurden, und die Wintermonate verbrachte er als Skilehrer immer wieder in Österreich, das er als seine zweite Heimat betrachtete.

Politisch blieb er seiner Gesinnung treu, auch wenn in Kroatien mit linkem Gedankengut nicht viel Staat zu machen war.

Der Ausverkauf seines Landes, wie mit Grund und Boden spekuliert wurde, wie einige wenige – meist dank ihrer engen Beziehungen zur Staatsmacht – ungeheuren Reichtum anhäuften, das war ihm zuwider. Und dass Jörg Haider mit der Vier-Länder-Bank ebenfalls seine Finger im Spiel hatte, war in linken Kreisen Kroatiens kein Geheimnis.

Und jetzt stand der zugegeben sympathische, gut aussehende Kärntner Landeshauptmann nur wenige Meter von Zoran Mitśić entfernt. Haider war inzwischen nach vorne zum Bug balanciert, keine leichte Sache, schließlich raste die „Madeleine" immer noch mit Vollgas über die Adria. Mit jedem Sprung über eine Welle krachte das Boot auf die Wasseroberfläche, als wäre sie aus Beton.

Der heftige Gegenwind strich Haider durch die Haare, er blickte nach links und rechts, immer wieder tauchten kleinere Inseln auf, oder Segelboote, deren Maste bedenklich schief lagen. Haider schloss die Augen und stellte sich im Geiste vor, wie er später einmal, wenn er der Politik überdrüssig wäre, auf einer dieser Inseln in einer kleinen Villa den Sommer verbringen würde. Plötzlich, aus heiterem Himmel, machte das Boot eine scharfe Wende nach backbord – Haider schwankte, verlor das Gleichgewicht, im letzten Augenblick konnte er sich noch an der Reling festhalten, sonst wäre er über Bord gestürzt. Er holte dreimal tief Luft, dann hantelte er sich vorsichtig am Geländer entlang wieder zum Heck. Als er zu Mitśić kam, der am Steuerrad stand, rief er ihm zu: „Jetzt haben Sie mich fast umgebracht, ich hoffe für Sie, dass das nicht Absicht war!" Aber außer einem Kopfschütteln bekam er keine Antwort.

Auf den ersten Blick sahen sie nichts Außergewöhnliches. Im Licht der Taschenlampe war in dem kleinen Raum ein Bücherregal zu sehen, die Vorhänge waren zugezogen, ein Schreibtisch, der ziemlich unaufgeräumt schien, neben vielen Papieren stand da noch ein Drucker, das USB-Anschlusskabel hing lose vom Schreibtisch hinunter. Neben einem Holzstuhl stand ein Papierkorb, erst beim Näherkommen bemerkten Inspektor Bugelnik und Jasmin Köpperl, dass der fast leer war. Bugelnik leuchtete unter den Tisch: In einer Steckerleiste steckten mehrere Stromkabel, aber nur ein Netzgerät war mit einem W-LAN verbunden, die anderen Kabel führten ins Nichts. „Den Laptop hatte er meist hier stehen", sagte Jasmin, „er wollte Arbeit und Freizeit streng trennen. Er war nicht einer, der seinen Computer durchs ganze Haus schleppte, um ständig online zu sein." Wer immer sich hier umgesehen hatte, war wohl noch am ehesten an seinem Laptop interessiert gewesen, die vielen Blätter auf dem Schreibtisch waren, so schien es, unangetastet. Während Bugelnik mit seiner Taschenlampe die anderen Bereiche des Raumes ableuchtete, glaubte Jasmin in ihrem Augenwinkel ein schwaches blaues Licht bemerkt zu haben, das vom Bücherregal kam. „Schalten Sie einmal kurz aus!", rief sie mit gedämpfter Stimme. Bugelnik gehorchte, als wäre sie eine Kriminalbeamten-Kollegin. „Da, sehen Sie!" Jasmin zeigte auf das oberste Brett des Bücherregals. Tatsächlich war dort ein winziges blaues Licht zu erkennen. Der Kommissar schaltete die Taschenlampe wieder ein und leuchtete nach oben. Dort standen in einer Reihe Karl-May-Bücher, fein geordnet, „Durch die Wüste", „Durchs wilde Kurdistan" waren dabei, ebenso die drei Bände von „Winnetou". Doch bei einem der Bücher war der Titel nicht ganz leserlich: „Sand des Verd…ens" stand dort. Wo die vier Buchstaben fehlten, war ein glänzender schwarzer Ring zu sehen, aus dem ein blaues Licht glimmte. Bugelnik schob einen Stuhl heran, stieg hinauf und zog den „Sand des Verderbens" heraus. Doch in dem Buch waren keine Seiten. Zwischen den beiden Deckeln steckte ein Objekt, das er in dieser Form noch nie gesehen hatte. Es ähnelte am ehesten einer Webcam, es hing auch ein Kabel daran, das hinter das Buchregal führte. Bei genauerem Hinsehen konnte Bugelnik den Schriftzug „Dropcam" entziffern. Er schob das leere Buch mit dem eigentümlichen Gerät wieder zurück an seinen Platz, notierte sich den Namen in seinem Notizkalender und sprang federnd vom Stuhl. In der schummrigen Beleuchtung des Raumes konnte er Jasmins fragendes Gesicht nicht sehen, aber er hatte sich vorgenommen, ihr so wenig wie möglich von dieser Entdeckung zu erzählen. Noch dazu hatte er ohnehin selbst keine Ahnung, was sich hinter oder in diesem Gerät verbarg. Er hatte ein mulmiges Gefühl – sie waren schon zu lange im Haus, jede Minute könnten die Kollegen – oder Konkurrenten – vom Heeresnachrichtenamt zurückkommen. Und er wollte lieber so tun, als hätte er den Rechtsweg eingehalten und den Tatort nicht betreten. „Wir müssen hier raus", raunte er Jasmin zu. Sie verließen den Raum, blickten sich bei der Tür noch einmal um und gingen in den Keller. Auf demselben Weg, auf dem sie gekommen waren, schlichen sie sich auch wieder davon. Die größte Schwierigkeit bereitete es ihnen, den Schrank von außen wieder vor den Geheimgang zu schieben. Aber selbst das gelang ihnen einigermaßen.

Als sie ins Auto einstiegen und wegfuhren, sahen weder der Kriminalinspektor noch Jasmin, dass hinter der Hecke auf der anderen Straßenseite ein Mann stand, sein Handy herausnahm und eine Nummer wählte.

Von: straggerst@aon.at
An: jasmin.koepperl@gmx.at
Der Besuch in Wien erwies sich für David als sehr lehrreich. Sein Großvater hatte nicht nur ein phänomenales Gedächtnis, sein historisches Wissen war genauso einzigartig. Schon beim Frühstück begann er vom Zusammenbruch der Monarchie zu

erzählen, das war ihm wichtig, schließlich waren seine Eltern damals aus Lemberg nach Wien gezogen. Und er schilderte präzise und mit vielen Einzelheiten, wie sich die Situation für die Juden danach verschlechtert hatte. „Eines Tages, als Mutter vom Einkaufen zurückkehrte, hatte sie Tränen in den Augen. Wir hatten sie so noch nie erlebt. Vater fragte, was vorgefallen sei. Sie wollte nicht darüber sprechen. Aber Vater ließ nicht locker. Und so erzählte sie, wie sie auf der Straße angepöbelt wurde, wie ihr drei junge Männer den Weg verstellten, ihr den Einkaufskorb entrissen und alles auf den Boden warfen. ‚Da, Judensau, klaub's wieder auf,' riefen sie und lachten dabei. Dann nahmen sie das Mehlsäckchen, streuten den Inhalt auf den Gehsteig und zeichneten mit ihren Fingern einen Davidstern hinein. Jedes Mal, wenn Mutter, auf dem Boden kniend, die verstreuten Sachen aufheben wollte, den Laib Brot oder die Kartoffeln, die einzeln herumrollten, jedes Mal stieg einer mit seinem Stiefel drauf und zerquetschte sie vor ihren Augen oder stieß sie weg, wenn sie hingriff." Irgendwann wurde es Emily, seiner Frau, zu viel und sie bat ihn, doch das Thema zu wechseln. Joshua wusste, wie nahe ihr diese Geschichten gingen und gab nach.

Als sie aufstanden, fiel Joshuas Blick auf die vielen Tageszeitungen, die neben dem Eingang auf Zeitungsständern hingen. Er nahm die größte von allen zur Hand, es war „Die Presse", jene Zeitung, die auch seine Eltern zuhause gelesen hatten, und blickte auf die erste Seite. Die dominierende Überschrift betraf Kurt Waldheim – und er wusste gleich, um wen es sich da handelte, schließlich hatte der Österreicher zwei Amtsperioden als UNO-Generalsekretär in New York gedient. Einmal war Waldheims Frau sogar in sein Geschäft auf der Second Avenue gekommen und hatte eine wunderschöne Vase von Kolomann Moser gekauft. Joshua überflog den ersten Absatz. Da war von einer „Wehrstammkarte" die Rede, von Waldheims „SA-Zugehörigkeit" von seinem Aufenthalt in der Nähe von Saloniki, wo damals Tausende Juden verschleppt und umgebracht worden waren. Und dann fiel ihm noch ein Artikel auf Seite eins auf. „Haider will nicht FPÖ-Obmann werden", stand da zu lesen. „Haider", dachte Joshua, „Haider?" – den Namen habe ich doch schon einmal gehört. Doch viel mehr Zeit gab ihm die Familie nicht, Emily und David wollten endlich in die Stadt gehen. So gab er nach.

Joshua Krimnick hatte die Kärntner Straße als Fußgängerzone kaum in Erinnerung. 1968, als er sich in Wien nach Kunstgegenständen für seinen Antiquitätenladen umgesehen hatte, fuhren dort noch Autos, die Gehsteige waren schmal, daran erinnerte er sich, aber es waren auch viel weniger Menschen unterwegs. Jetzt, im April 1986, konnte man ungehindert von einer Seite zur anderen gehen, ohne auf den Verkehr achten zu müssen. Am Stephansplatz sahen sie den Abgang zur U-Bahn. Auch die hatte es in den 1960er Jahren nicht gegeben, und Joshua war neugierig zu sehen, wohin man aus dem Zentrum der Stadt fahren konnte. Er überredete seine Familie, mit ihm nach unten zu gehen. Auf dem Fahrplan entdeckte er die Station „Nestroyplatz" – in nur fünf Minuten würden sie dort ankommen, wo die Krimnicks bis zum Einmarsch Hitlers in Österreich gewohnt hatten. Als sie am Nestroyplatz ausstiegen, wusste Joshua sofort Bescheid. Ein paar Schritte stadteinwärts, dann nach rechts hinein und sie würden in der Zirkusgasse sein, wo die Familie Krimmich gewohnt hatte. „Kommt, ich zeig' euch meine alte Wohnung", sagte er und schon trottete die kleine Gruppe hinter ihm her, als wäre er ein Fremdenführer. Vor dem Haus Nummer 11 blieben sie stehen. „Da ist es, auf Tür 9." Erst einmal wagte niemand etwas zu sagen. Dann platzte David in die Stille: „Sollen wir nicht anläuten, vielleicht können wir uns die Wohnung ansehen?" Und noch ehe die anderen die Idee als undurchführbar verwerfen konnten, hatte

David schon auf den Klingelknopf gedrückt. Nach wenigen Sekunden meldete sich die Stimme einer Frau. Joshua stellte sich kurz vor, entschuldigte sich und fragte, ob es wohl möglich sei, nur ganz kurz nach oben zu kommen. Doch die Frau erwiderte mit barscher Stimme durch die Gegensprechanlage: „Lassen Sie mich doch in Ruhe. Ich will mit diesen Sachen nichts zu tun haben."

Den Rest des Tages verbrachten sie abwechselnd in Gaststätten, Kaffeehäusern und Antiquitätenläden. Als sie schließlich ziemlich erschöpft wieder im Hotel ankamen, setzte sich Joshua noch in den Salon, bestellte einen „kleinen Braunen" und nahm wieder ein paar Zeitungen zur Hand. Am Vormittag hatte ihm die Familie keine Zeit gelassen, die Artikel genauer durchzulesen, jetzt, hoffte er, würde ihm einfallen, warum ihm der Name Haider so bekannt vorkam. Aber in den Artikeln selbst gab es keinen Hinweis darauf. Der Mann war Landesparteisekretär in Kärnten, gerade 36 Jahre alt, offenbar ziemlich beliebt, den anderen Parteien schien er ständig auf die Zehen zu treten … aber auf all das konnte sich Joshua Krimnick keinen Reim machen.

Als er wieder in seinem Zimmer war, geisterte der Name immer noch in seinem Kopf herum. Joshua öffnete seinen Hartschalenkoffer, den er nur halb ausgepackt hatte, und zog ein vergilbtes, stark abgegriffenes Notizbuch heraus. Er hatte das Buch auf all seinen Österreich-Reisen dabei, obwohl er nicht genau wusste, warum er es immer mitnahm. Es war für ihn wie ein Tagebuch, auch wenn er schon Jahrzehnte nichts mehr hineingeschrieben hatte. Auf dem mittlerweile stark in Mitleidenschaft gezogenen, aufgeklebten Titelblatt konnte man – mit einiger Fantasie – „Austria1945" entziffern. Aber Joshua wusste ohnehin, was darin zu finden war. Er hatte sich während seiner Zeit als Besatzungssoldat in Österreich immer wieder Notizen gemacht – alles, was ihm wesentlich erschien, hatte er in diesem Büchlein festgehalten. Mit feiner Bleistiftmine war Seite für Seite gefüllt mit Berichten, tagebuchartigen Eintragungen, Nachrichten der BBC oder der „Voice of America" – Englisch und Deutsch wechselten ständig ab.

Joshua Krimnick blätterte wahllos, auf Seite 30 blieb er zufällig beim 5. Juli hängen: „Die Stimme Amerikas, Amerika ruft Österreich, meldet um 18 Uhr 45: In Österreich wird nach dem Muster Deutschlands eine interalliierte Besetzung durchgeführt werden, aber Österreich wird als befreites und nicht als besiegtes Land behandelt werden …" Ein paar Seiten weiter stieß er auf das Datum August 15, 1945. „Japanese surrender was simultaneously announced 9 hours ago in London, Moscow, New York, and Hongkong …" Joshua war sicher, dass er unter diesen Eintragungen etwas finden würde, was ihm weiterhelfen würde.

Und tatsächlich: Auf Seite 58 – die Seitenzahlen hatte er selbst hineingeschrieben – fand er eine Eintragung: „Interrogation of POWs" („Einvernahme von Kriegsgefangenen"), und da stockte ihm der Atem: Neben dem Vornamen Robert war in Blockbuchstaben der Name Haider zu lesen. Feinsäuberlich hatte sich Joshua Krimnick damals notiert, dass besagter Haider an der Ostfront tätig gewesen war, seine 45. Infanteriedivision war in schwere Kämpfe mit russischen Soldaten verwickelt, sie hatten Häuser niedergebrannt, Partisanen erschossen, Brunnen verseucht, Brücken gesprengt, Straßen vermint. Trotz einer Verwundung kämpfte Robert Haider noch in den letzten Kriegstagen im Böhmerwald. Kurze Zeit danach wurde er von den Alliierten verhaftet. Joshua Krimnick war es, der Haider verhört hatte, er vermutete, dass dieser an Kriegsverbrechen beteiligt war, aber Beweise hatte er keine gefunden und zum damaligen Zeitpunkt waren die „kleinen Fische" nicht interessant genug.

Eines wusste Joshua: Er musste herausfinden, ob es zwischen dem „Jörg", von dem in diesen Tagen so viel in den Zeitungen zu lesen war, und „Robert" eine Verbindung gab. Und dann wollte er auch David von seiner Entdeckung erzählen, irgendwann, wenn Emily nicht dabei war, sie wollte von den Kriegsgeschichten einfach nichts mehr hören.

Jasmin war wieder zuhause, hatte sich ein Glas Rotwein eingeschenkt, in der Hoffnung, ein wenig Alkohol würde ihre Nerven beruhigen. Ihr war das Ganze mehr als unheimlich. Stefan hatte sich seit seinem Verschwinden nicht mehr gemeldet, ihre Anrufe blieben unbeantwortet. Doch sie erhielt regelmäßig per E-Mail diese Fragmente von Schriftstücken, die auch seinen Absender trugen. Doch wenn sie ihm zurückschrieb, bekam sie wenige Minuten später ein Mail mit dem Hinweis, der Adressat sei nicht zu erreichen. Eines fiel ihr freilich langsam auf: Sie war mit Stefan nicht nur gemeinsam in die USA aufgebrochen und hatte dabei auch Washington besucht (jetzt erkannte sie auch vieles in den Schriftstücken wieder, das ihr damals an seinem Verhalten ein wenig seltsam vorgekommen war), sie hatten auch in Poreč gemeinsam Urlaub gemacht. Natürlich waren sie auch mit dem Motorboot unterwegs gewesen, freilich nicht mit einer so eleganten Jacht, wie sie jetzt im Zusammenhang mit Jörg Haider beschrieben wurde. Aber sie erinnerte sich, wie genau Stefan die Hafenstadt erkundet hatte. Fast jeden Tag waren sie vom Laguna Park, der etwas außerhalb der Altstadt lag, entweder zu Fuß oder mit dem Fahrrad in die Stadt gefahren, hatten sich am Vormittag in eines der Caféhäuser an der Ulica Mate Bernobića gesetzt und dort die reichen Deutschen oder Engländer bewundert, die mit ihren eleganten Schiffen direkt an den Docks der Uferstraße anlegten und sich gelegentlich einen Aperitif aus dem Lokal auf Deck bringen ließen. Sie hatte sich auch gewundert, dass Stefan nicht einfach am Strand liegen wollte, sondern sie immer wieder zu Spaziergängen in die Stadt überredete – und wenn sie einmal Nein sagte, dann machte er sich eben alleine auf den Weg. Natürlich war sie von den jahrhundertealten Gebäuden auch entzückt – eines hatte es ihr besonders angetan: Sie konnte sich an den Straßennamen nicht mehr erinnern, aber es war rosa gestrichen und – was noch auffälliger war – die eine Ecke des Hauses war nicht eckig, sondern richtig rund gemauert.

Während sie darüber nachzudenken begann, wohin sie mit Stefan noch überall gereist war und ihr gerade der Flughafen Wien-Schwechat einfiel, von wo aus sie …, hörte Jasmin plötzlich ein Geräusch. Es kam von der Eingangstür. Doch noch ehe sie allen Muskeln den Befehl geben konnte, die entsprechenden Bewegungen auszuführen, damit sie von der Couch aufstehen und nachsehen konnte, wer da an der Tür hantierte, fiel das Licht aus. Es war sofort stockdunkel. Jasmin hielt den Atem an. Sie würde sich zwar auch im Dunkeln zurechtfinden, schließlich war die Sicherung oft genug durchgebrannt und sie musste sich dann ins Vorzimmer vortasten – aber diesmal war alles anders: Sie spürte, dass zumindest eine Person in ihrer unmittelbaren Nähe war.

Kurz schoss ihr eine Überlegung durch den Kopf: Sollte sie sich unter den Couchtisch rollen? Eher links davon oder lieber rechts Richtung Schlafzimmer wegschleichen? Oder vielleicht doch hinter sich das Fenster öffnen? Doch da war es schon zu spät: Eine kräftige Hand schlang sich um ihren Oberkörper, hielt ihre beiden Arme fest, während ihr die andere Hand den Mund zuhielt. „Kein Wort, oder du bist tot!", zischte eine verhaltene Männerstimme in ihr Ohr. Dann bog der Mann ihre Arme nach hinten, sie spürte, wie ein Seil um ihre Handgelenke geschnürt wurde. Kurz nahm der Unbekannte seine Hand von ihrem Mund und sie dachte schon, dass er ihr nun eine Frage stellen würde. Aber er sagte nichts mehr, sie hörte, wie er einen Klebestreifen abzog und ihr in Sekundenschnelle den Mund und danach die Augen zuklebte. Dann zog er sie hoch, schob sie vor sich her durch die Wohnung, machte die Tür auf – am Geräusch konnte sie erkennen, dass er nun vor ihr stand und offensichtlich in den Gang hinausblickte – und nach ein paar schnellen Schritten waren sie draußen auf dem Parkplatz. Im selben Moment, sie wusste nicht, wie ihr geschah, stand sie nicht mehr aufrecht; der Mann hatte sie um die Schultern und unter den Oberschenkeln gefasst, hochgehoben und in einen Kofferraum fallen lassen. So kam es ihr jedenfalls vor, sie spürte den Geruch von etwas Öligem, der Filzbelag kratzte an ihrer Haut, und schon schloss sich mit einem satten Klang der Deckel.

Von: straggerst@aon.at
An: jasmin.koepperl@gmx.at
Jerusalem, Außenministerium, dritter Stock, Westeuropa-Abteilung. Im Konferenzraum saßen zwei Männer: Avner Fohlt, untersetzt, schon deutlich über fünfzig, die wenigen Haare an den Schläfen grau und kurz geschoren, die Brille tief auf der Nase, und Yossi Galem, Mitte dreißig, schwarzhaarig, deutlich größer als sein Sitznachbar, mit einem auffälligen Blutschwamm, der auf seiner rechten Wange leuchtete wie eine halbierte Rotzwiebel. Neben ihnen stand Rachel Hagev, sie war noch keine dreißig, hatte dunkelrotes, mittellanges Haar und war gerade dabei, sich Augentropfen einzuträufeln. „Die Kontaktlinsen, Sie verstehen", sagte sie mit einem gequälten Lächeln und sah dabei in die Runde, so gut es ihr nach oben gehaltener Kopf zuließ. Vor ihnen war ein Konferenztisch, auf dem zahlreiche einzelne Papiere und Mappen lagen. Auf einigen war „Austria" zu lesen, auf anderen wiederum stand „Jörg Haider". Avner Fohlt hatte mehrere Jahre als politischer Direktor an der israelischen Botschaft in Wien gearbeitet, er sprach fast akzentfrei Deutsch. Seine Mutter war als Achtjährige mit ihren Eltern aus Wien erst nach London, dann nach Palästina geflüchtet. Trotz ihrer bösen Erinnerungen an Österreich legte sie Wert darauf, ihren Kindern die deutsche Sprache beizubringen. Als Avner nach seinem Jus-Studium auch noch die Diplomatische Akademie in Wien besuchte, war sein Weg

vorgezeichnet. Nach Stationen in Bonn und Ost-Berlin (zwischendurch verbrachte er die obligaten, schlecht bezahlten Jahre im Außenministerium in Jerusalem) wurde er nach Wien entsandt. Einmal hatte er Haider, als dieser zum zweiten Mal Kärntner Landeshauptmann wurde, sogar persönlich in Klagenfurt getroffen. Avner Fohlt war damals nahe dran gewesen, ihn zu fragen, wie er denn das mit der „ordentlichen Beschäftigungspolitik im Dritten Reich" gemeint habe, aber er tat es dann doch nicht, er erwartete sich keine befriedigende Antwort. Und doch war er von Jörg Haider eingenommen: Beim Empfang einiger ausländischer Diplomaten (Israel hatte lange gezögert, ob es der Einladung überhaupt folgen sollte) erwies sich Haider als geradezu staatsmännisch, aber auch humorvoll, und er erkundigte sich mit echtem und nicht gespieltem Interesse (so hatte es Avner in Erinnerung) nach den ganz konkreten Problemen Israels. Avner war erstaunt, wie gut ein österreichischer Landeshauptmann über die Details der israelischen Innen- und Außenpolitik informiert war – und doch machte ihn das irgendwie misstrauisch. Sie hatten damals vereinbart, sie würden sich bei einem der kommenden Wien-Besuche Haiders zu einem Mittagessen treffen, aber Avner Fohlt war dann relativ kurzfristig in die Heimat zurückberufen worden und so kam diese Begegnung nie zustande.

„Avner!" Rachel Hagev riss ihn aus seinen Gedanken. Er hatte nicht wirklich zugehört und jetzt sollte er seine Meinung äußern, doch er wusste nicht, wo die anderen stehengeblieben waren. „Wie siehst du das, was haben Haider, Saddam Hussein und der Vlaams Blok miteinander zu tun?" Er war dankbar, dass ihm Rachel das Stichwort lieferte. Rachel Hagev war beim Mossad tätig, dem israelischen Geheimdienst, von dem viele behaupten, er sei der beste der Welt. Und er hatte das immer wieder bewiesen.

Als palästinensische Terroristen im Sommer 1972 die israe-

lische Mannschaft bei den Olympischen Spielen in München angriffen und am Ende elf Sportler ums Leben kamen, wurde der Mossad auf die Hintermänner angesetzt. In Rom wurde daraufhin ein Mitarbeiter der libyschen Botschaft erschossen, die Täter blieben unerkannt. In Paris traf es Dr. Mahmoud Hamshari, den Führer des „Schwarzen September" in Europa. Sein Telefon wurde so präpariert, dass es in seiner Hand explodierte und ihn tötete. Ungeklärte Morde auf Zypern und in Athen folgten. Alle trugen die Handschrift des Mossad, und die bestand nicht zuletzt darin, dass man dem Geheimdienst nichts nachweisen konnte.

Avner Fohlt wusste, dass er nicht mit irgendwelchen vagen Behauptungen auftreten durfte: „Dass Haider besondere Fähigkeiten besitzt, weiß man schon lange. Hier..." und er griff in seine Aktenmappe und zog einen Zeitungsartikel hervor, „sogar die ‚New York Times' hob ihn schon im Oktober 1995 als künftigen Führer der europäischen Rechten hervor: ‚Neonazis vernetzen sich mit Hilfe des Internet und im Untergrund' heißt es hier, und etwas weiter unten steht: ‚Sie wollen ihre Ideen unter einer jungen Subkultur in der Hoffnung verbreiten, dass ein Führer diese aufgreift ... wie etwa der charismatische österreichische Rechts-Außen Jörg Haider.' Außerdem hat unser Mittelsmann berichtet, dass es vor kurzem ein Geheimtreffen mit Vertretern der Lega Nord und des Vlaams Blok gegeben hat, und zwar in Kärnten, also in dem Bundesland, das Haider völlig in seiner Hand hat. Und derselbe Haider fährt jetzt in den Irak und überredet Saddam, dass er ihm Geld gibt, viel Geld. Und damit ist er in der Lage, seine Beziehungen zu den anderen rechten Parteien in Europa auszubauen. Abgesehen davon, dass er ohnehin zu den ganz Reichen des Landes gehört."

Alle drei Anwesenden wussten, worauf Fohlt anspielte. Jörg Haider hatte ein riesiges Stück Land von einem Südtiroler Wahlonkel geerbt, der es wiederum einem italienischen Juden um einen Pappenstiel abgekauft hatte. Auch das hatte Kontroversen ausgelöst, aber wie so vieles, das mit den Verbrechen im Zweiten Weltkrieg zu tun hatte, blieb es in Österreich ein Randthema. Avner Fohlt hatte keinen Zweifel daran und sagte nun auch laut, dass Haider die ideale Figur war, um die rechten Parteien in Europa zusammenzuführen – er hatte Charisma, er war ein politisches Tier, jung, oder jedenfalls nicht zu alt, und vor allem kein Schreckgespenst. Die zunehmende Immigration aus dem ehemaligen Jugoslawien hatte Ressentiments gegen Ausländer geschürt und damit der Rechten ungeahnten Zulauf verschafft. „Haider", und Fohlt blickte den gegenüber sitzenden Kollegen bzw. die Kollegin intensiv an, „ist genau der moderne Typ eines Rechtspopulisten, der hinter der Maske eines freundlichen Durchschnittspolitikers ganz andere Ziele verfolgt."

„Und was sollen wir jetzt tun?", fragte Yossi Galem. Sie waren hier zusammengekommen, weil es von ganz oben den Befehl gegeben hatte, Pläne für die „Lösung des Problems" auszuarbeiten und dann vorzulegen. „Hier bei uns sind uns die Hände gebunden", antwortete Rachel Hagev, „denn nach Israel wird er nicht kommen – nein, wenn, dann müssen wir den Fall in Österreich erledigen."

Kriminalinspektor Franz Bugelnik saß in seinem Büro, hatte die Türe hinter sich ins Schloss fallen lassen und dachte nach. So etwas hatte er noch nie erlebt: Nicht nur, dass er einen Toten wohl anhand der Papiere, die in seinem Sakko steckten, falsch identifiziert hatte – an einen derartigen Fall konnte er sich in seiner 33-jährigen Laufbahn nicht erinnern –, schlimmer noch war, dass eine andere Behörde sozusagen das Kommando übernommen hatte. Natürlich hatte er immer wieder mit dem Heeresnachrichtendienst zu tun gehabt, aber nur in den seltensten Fällen ging es dabei um Mord. Einmal, fiel ihm jetzt wieder ein, war er zu einem Tatort gerufen worden, der schon allein durch seine Lokalität ungewöhnlich war: Es war das Schloss Frauenstein in der Nähe von St. Veit. Er kannte es von einigen Ausflügen, er hatte auch immer wieder Freunde und Verwandte dorthin geführt, weil es zu den schönsten spätgotischen Bauten in Kärnten gehörte. Als er mit seinem Dienstfahrzeug vor dem Schloss ankam, sah er zu seiner Verwunderung zwei oder drei grau-grüne Volkswagen-Käfer stehen, die ein „BH" als Kennzeichen trugen. In einem der runden Erker, von denen es vier gab und die auch durch ihre spitzen Runddächer auffielen, lag die Leiche eines Heeresangehörigen. Auf den ersten Blick sah der Fall nach einem Selbstmord aus: Der Mann hatte die Pistole in seiner rechten Hand, der Schuss war direkt durch den Schädel gegangen. Erst später, bei den genaueren kriminaltechnischen Untersuchungen, stellte sich heraus, dass auf seiner Hand keine Schmauchspuren zu entdecken waren. Damit war eindeutig belegt, dass dem Mann die Waffe erst nach der Tat in die Hand gelegt worden war. Auch wenn man ihm die Nachforschungen nicht ganz entzogen hatte, spürte er doch, dass das HNA kein Interesse daran hatte, seine Erkenntnisse mit dem Landeskriminalamt zu teilen. Am Ende hatte sich dann herausgestellt, dass der Mann für einen ausländischen Geheimdienst tätig gewesen war. DNA-Untersuchungen hatten auch ergeben, dass der Täter aus einem südeuropäischen Land stammen musste.

Aber, so ging es Bugelnik jetzt durch den Kopf, das war damals etwas ganz anderes: Immerhin handelte es sich um einen Heeresangehörigen, der sich auf krumme Angelegenheiten eingelassen hatte. Doch bei Stefan Stragger hatte er nicht den geringsten Verdacht, abgesehen davon, dass dieser ja nicht einmal der Tote war. Bugelnik nahm den Telefonhörer zur Hand und wählte eine Nummer. Es läutete vier Mal, er wollte schon wieder auflegen, da meldete sich eine Stimme: „Oberst Kropfitsch, mit wem spreche ich?" „Georg, hier ist der Franz – hast du eine Minute für mich?" „Schön, wieder einmal von dir zu hören, was kann ich tun?" Franz kannte Georg Kropfitsch schon aus seiner Jugendzeit. Sie waren im Gymnasium in dieselbe Klasse gegangen, nach der Matura hatten sich beide bei SKF in Schweden für Sommerjobs beworben und waren auch gemeinsam im Renault 4 von Kropfitsch nach Göteborg gefahren. Vier Sommer verbrachten sie in Skandinavien, sie hatten viele ähnliche Interessen, auch wenn sich der eine für Graz, der andere für Wien als Studienort entschieden hatte.

„Ich komme gerade vom Stefan Stragger, oder besser: von seinem Haus …" Und Bugelnik erzählte ihm, was sich in den vergangenen Stunden abgespielt hatte. Vom ersten Anruf der Nachbarin, die den laufenden Motor in der geschlossenen Garage gemeldet hatte, von den begonnenen Erhebungen und dem überraschenden erzwungenen Ende des Einsatzes durch die Truppe des Heeresnachrichtenamtes. Bugelnik erzählte auch, dass das Haus nun versiegelt war – nur dass er und Jasmin Köpperl sich durch einen Geheimgang Zugang ins Haus verschafft hatten, wollte er nicht gleich preisgeben. Und schon gar nicht, dass die Leiche eben nicht Stefan Stragger war, sondern dessen Bruder, der noch dazu eines natürlichen Todes gestorben war. Als Bugelnik mit seinen Erläuterungen am Ende war, entstand eine Pause – „Georg, bis du noch dran?" „Äh, ja, natürlich, ich habe dir zugehört, aber, äh, ich kann dir im Moment nicht sagen … weißt du, bei aller Freundschaft … aber, äh, ich ruf dich zurück …" Bugelnik blickte auf den Hörer, Georg hatte aufgelegt, einfach so, ohne sich richtig zu verabschieden.

Bugelnik nahm seinen Notizkalender zur Hand und schlug die Seite auf, auf der er Einzelheiten vom Tatort niedergeschrieben hatte. Die letzte Eintragung bestand aus nur einem Wort: „Dropcam". Er tippte am Computer den Namen in die Suchmaschine und öffnete die Seite dropcam.com. Er blickte nach links und nach rechts oben, ob es auch eine deutsche Übersetzung der Seite gab, doch alles war auf Englisch verfasst. Dass es sich um eine Überwachungskamera handelte, war ihm schon bewusst, als er das kleine Ding in die Hand genommen hatte. Aber wie sie funktioniert und ob sie ihm helfen könnte, den Fall aufzuklären … dazu reichten weder seine primitiven Englisch-Kenntnisse noch seinen schmählichen Computerfertigkeiten. Doch er wusste eine Lösung.

Eine Viertelstunde später war Sohn Herbert zur Stelle. Herbert Bugelnik war ein Internet-Freak, er hatte schon zu Beginn des Computer-Zeitalters mit dem Programmieren begonnen und sich so, Stufe für Stufe, nach oben gearbeitet. Seit Jahren leitete er eine eigene kleine Firma, die sich auf Webseiten spezialisierte, aber er war auch ein gefragter Experte, kein Computer-Problem schien für ihn unlösbar. Sein Vater erklärte ihm, wo das Problem lag. Von „Dropcam" hatte Herbert zwar auch noch nichts gehört, aber nachdem alles in diesem Bereich mit 0 oder 1 zusammenhing, machte das auch keinen Unterschied. Auf der Internetseite der Überwachungskamera entdeckte er schnell, dass es dort ein login gab. Sobald er das angeklickt hatte, wurde nach der E-Mail-Adresse des Benutzers und nach seinem Passwort gefragt. Franz Bugelnik musste ihm natürlich verraten, dass es um einen gewissen Stefan Stragger ging, aber welches Passwort der benutzte, war ihm unbekannt. Herbert fragte ihn nach Straggers Beruf, Freundin, Lieblingsbeschäftigung, Automarke, Zweitwohnsitz, Mädchenname der Mutter, bevorzugtem Urlaubsort … und sein Vater antwortete, so gut es eben ging. Herbert tippte und tippte, der Kriminalinspektor wollte gar nicht wissen, wie sich sein Sohn ins System hineinschwindelte, klar war ihm, dass sie sich beide am Rande der Legalität bewegten. Irgendwann, vielleicht war eine Stunde vergangen, oder auch etwas mehr, blickte Herbert zu seinem Vater auf und sagte: „Ich hab's!" Tatsächlich tauchte auf dem Bildschirm das Büro Stefan Straggers auf: der Schreibtisch, der Stuhl, dahinter die Tür – weil es inzwischen dunkel geworden war, hatte die Kamera auf Infrarot umgeschaltet. Viel sagte das dem Inspektor nicht, ja, er war fast ein wenig enttäuscht, denn wie der Raum aussah, davon hatte er sich ja bei seinem Eindringen durch den Keller ohnehin ein Bild machen können. „Schau dir das an", warf Herbert ein, „hier ist eine ‚timeline', da ist jede Minute aufgezeichnet worden. Offenbar sollen diese überdimensionierten Beistriche, die du hier siehst" – und Herbert zeigte auf ein graues Band, das unter dem Videobild in Zehn-Minuten-Abstände eingeteilt war –, „auf ein Event hinweisen, auf etwas, das sich zu dieser Zeit in diesem Raum gerade bewegt hat." Bugelnik war erstaunt und erfreut. Sollte das stimmen, so müsste er herausfinden können, was sich in Straggers Haus, oder zumindest in dessen Büro, abgespielt hatte. Er ließ sich von Herbert genau erklären, wie er diese Seite aufrufen und zu den Markierungen gelangen konnte, dann bedankte er sich bei seinem Sohn, umarmte ihn und schickte ihn fort. Franz Bugelnik hatte kein Interesse, seine Erkenntnisse mit irgendjemandem, und sei es auch mit seinem engsten Verwandten, zu teilen.

Jasmin bekam kaum Luft, im Kofferraum war es stickig, sie schwitzte und ihre auf dem Rücken zusammengeschnürten Hände schmerzten. Aus dem Fahrzeuginneren drangen nur nicht identifizierbare Laute zu ihr durch. Weil sie ständig hin und her geschüttelt wurde und der Motor sich anzustrengen schien, schloss sie, dass sie auf einer kurvigen Landstraße irgendwo nach oben unterwegs waren. Die Fahrt dauerte ewig. Sie war durstig und hatte das Gefühl, sich jeden Moment übergeben zu müssen. Nur das nicht, dachte Jasmin, wie soll das durch meinen zugeklebten Mund hinaus. Doch kurz danach, sie hatte unterdessen jedes Zeitgefühl verloren, blieb der Wagen stehen. Sekunden später waren zwei Männer am Kofferraum, öffneten den Deckel und hoben Jasmin heraus. Als ihre Füße den Boden berührten, spürte sie, dass sie zum Stehen zu schwach war. Sie ließ sich fallen, doch zwei starke Arme packten sie links und rechts unter der Achsel und schleppten sie einige Stufen hinauf in ein Gebäude. Als sie drinnen waren, sog sie die Luft durch die Nase ein: Irgendwie kam ihr der Geruch bekannt vor. Sie wusste, dass sich der Mensch nicht nur optisch und akustisch, sondern auch olfaktorisch an Dinge erinnern kann, die schon lange zurückliegen. Immer wenn sie die Volksschule besuchte – ohnehin nur, weil dort eine ihrer besten Freundinnen als Lehrerin tätig war –, holte sie ihre Vergangenheit ein, nur über den Geruch. Vor ihren Augen erschien dann das Bild, wie sie in der Früh die Straßenschuhe vor der Klassentüre auszog, sie sah sich in der ersten Reihe sitzen, in allen vier Klassen durfte sie immer ganz vorne Platz nehmen, sie erinnerte sich, wie sie auf dem Flur spielten, wenn es draußen regnete oder zu kalt war … Aber sie wusste natürlich, dort konnte sie auch sehen und – was weniger zählte – auch hören. Dennoch war sie jetzt sicher, dass sie an diesem Ort schon mehrmals gewesen sein musste. Doch die beiden Männer ließen ihr keine Zeit, darüber nachzudenken. Sie drückten sie auf einen Stuhl, banden ihre Beine daran fest, rissen ihr das Klebeband vom Mund und von den Augen und machten sich gleich darauf aus dem Staub, ohne ein Wort zu sagen. Jasmin atmete tief ein, einmal, zweimal, danach hatte sie das Gefühl, dass sie sich wieder einigermaßen unter Kontrolle hatte. Was wollen die Männer von mir?, dachte sie. Es muss etwas mit Stefan zu tun haben, es kann ja wohl kein Zufall sein, dass er unter mysteriösen Umständen verschwindet und ich danach entführt werde. Ob mich jemand beobachtet hat, als ich mit Bugelnik in Stefans Haus war? Von außen konnte man kaum hineinsehen, vielleicht wartete draußen jemand und sah, wie wir ins Auto stiegen? Bugelnik. Der Kriminalinspektor. Wird er nach mir suchen? Wie soll er, er weiß ja gar nicht, dass ich verschwunden bin. Das kann noch Tage dauern. Erst wenn die Redaktion misstrauisch wird, dass ich ohne abzusagen einfach nicht auftauche – dann vielleicht.

Jasmin war auf dem Stuhl eingenickt, als sie polternde Schritte hörte. Die Tür öffnete sich und sie sah trotz der Dunkelheit zwei Männer auf sich zukommen. Beide trugen Kapuzen über dem Kopf, die zwei Schlitze für die Augen und einer für den Mund ließen nichts von der Physiognomie durchscheinen. Einer der beiden stellte sich direkt vor sie hin und herrschte sie an: „Wo ist Stefan Stragger?" Seine Stimmlage war tief, aber er sprach, oder schrie, so laut, dass Jasmin zusammenzuckte. „Ich …, ich …, ich habe keine Ahnung." Kaum hatte sie das letzte Wort herausgebracht, holte der Mann mit seinem linken Arm aus und knallte seinen Handrücken direkt in ihr Gesicht. Jasmin spürte den Schmerz und gleich danach fühlte sie, wie eine warme Flüssigkeit über ihre Wange rann. Der Mann hatte sie mit seinem scharfkantigen Ring verletzt. Sie blutete. „Wo … ist … Stefan … Stragger?", brüllte er sie nochmals an. Jasmin blickte kurz hoch, sah den zweiten Mann beim verhängten Fenster stehen und antwortete mit schluchzender Stimme: „Glauben Sie mir, ich weiß es wirklich nicht." Und wieder schlug der Mann auf sie ein, diesmal noch kräftiger. Sie fiel mit dem Stuhl, an dem sie festgezurrt war, nach hinten, schlug mit dem Kopf auf dem Boden auf und verlor das Bewusstsein.

Das Telefon läutete. Franz Bugelnik nahm den Hörer ab. „Franz, bist du's?" Bugelnik erkannte am Tonfall Georg Kropfitsch, seinen alten Freund vom Heeresnachrichtenamt. „Franz, ich wollte dir nur sagen, ich habe mich erkundigt, es ist alles ok." Seine Leute seien im Haus von Stefan Stragger gewesen, schließlich sei Stefan ein wichtiger Mitarbeiter des HNA und da könne man nie wissen, wer und was dahinterstecke, wenn so jemand plötzlich Selbstmord begehe. Bugelnik horchte auf – es erschien ihm einigermaßen unglaubwürdig, dass Kropfitsch nicht wusste, dass der Mann, den sie im Auto gefunden hatten, nicht Stefan Stragger war. „Wir sind alle völlig schockiert. Gestern war er noch bei mir im Büro, wir haben über die Arbeit gesprochen und er machte keineswegs den Eindruck, dass er mit seinem Leben Schluss machen würde." Bugelnik überlegte kurz: Sollte er ihm sagen, dass der Tote nicht Stefan war? Doch nachdem Kropfitsch nicht mit der ganzen Wahrheit herausrückte, sah auch der Kriminalinspektor keinen Grund – Freundschaft hin oder her –, zu verraten, was er in Erfahrung gebracht hatte. Noch dazu mit Hilfe einer Zivilperson, schlimmer noch: mit Hilfe einer Journalistin. „Dürfen wir wieder hinein ins Haus, kannst du veranlassen, dass die Versiegelung aufgehoben wird, jedenfalls für uns?" Er bekam keine Antwort. „Georg, hörst du mich?" „Ja, sicher, ich werde das veranlassen, es dauert sicher nicht länger als noch eine Stunde, dann kannst du wieder rein."

Bugelnik legte den Hörer auf. Er wunderte sich. Was würde noch eine Stunde dauern? Waren die Experten vom Heeresnachrichtenamt jetzt wieder in Straggers Haus? Würden sie die Dropcam entdecken? Ach ja, die Kamera. Wenn sie noch eingeschaltet ist, überlegte Bugelnik, dann könnte ich ja nachsehen, was sich dort abspielt.

Er tippte die Internetadresse ein, danach Username und Passwort, die ihm Herbert auf einem kleinen post-it hinterlassen hatte, und schaute gebannt auf den Bildschirm. Als das Kamerabild vollständig war, sah er im Büro Stefan Straggers zwei Männer, die eifrig die Schubladen untersuchten, Unterlagen an sich nahmen, jene Papiere, die Bugelnik selbst noch auf dem Schreibtisch gesehen hatte. Danach stülpten sie den Papierkorb um, auch wenn der fast leer war, und sammelten alles ein. Plötzlich wurde das Gesicht des einen Mannes immer größer – Bugelnik hatte das Gefühl, der HNA-Spezialist sehe ihm direkt in die Augen –, offenbar hatte er die Kamera entdeckt. Oder doch nur den Roman, hinter dem die Linse versteckt war? Das Video begann zu zittern, dann war auf dem Bildschirm eine Drehbewegung zu sehen, als würde jemand eine Videokamera durch den Raum schwenken, und gleich darauf war der Bildschirm schwarz. Ok, dachte Bugelnik, das hilft mir jetzt auch nichts mehr. Oder doch, da war noch etwas. Herbert hatte von einer „timeline" gesprochen, die alles aufzeichnet, was sich in den Stunden zuvor abgespielt hatte. Mit einem Klick fand Bugelnik den grauen Streifen und begann nachzudenken. Der Anruf der Nachbarin war in der Früh gekommen, keine Ahnung, wie lang der Motor in der Garage schon gelaufen war. Bugelnik suchte auf der Dropcam den Abend davor und sah auf dem grauen Strich, der sich unter dem Bild aufgebaut hatte, eine Menge Markierungen. Er führte den Cursor auf die Marke, die 22.36 Uhr angab. Ein kleines Bild erschien, nicht größer als zwei Briefmarken. Es war Straggers Büro, und es saß jemand am Schreibtisch. Er klickte doppelt, um das Bild zu vergrößern. Deutlich war nun der Kopf eines Mannes zu sehen, es musste wohl Stefan Stragger sein. Nur wenige Sekunden später stand der Mann auf, ging zum Fenster, schob den Vorhang ein wenig zur Seite. Und dann ging alles ganz rasch: Mit zwei Schritten war er zurück am Schreibtisch, steckte seinen Laptop aus, schloss den Bildschirm, nahm noch etwas aus der Schreibtischlade – es war nicht zu erkennen, was es genau war, jedenfalls musste es etwas sehr Kleines gewesen sein –, steckte es in seine linke Hosentasche und eilte aus dem Zimmer. Die Kamera zeigte einen leeren Raum. Die nächste Markierung gab es um 22.39 Uhr. Bugelnik hatte Geduld: Er ließ das Video weiterlaufen, auch wenn sich am Bildschirm nichts tat. Als er 22.39 Uhr erreicht hatte, kam plötzlich eine Pistole ins Bild, dann ein Arm und schließlich eine ganze Person. Die Kamera lieferte ein gestochen scharfes Bild. Der Mann, der die Waffe nach links und nach rechts richtete und dabei auch einige unverständliche Worte rief, war ein guter Bekannter. Es war Georg Kropfitsch persönlich, der den Einsatz leitete. Bugelnik beobachtete ihn, wie er in der mittleren Schreibtischlade wühlte, dann die anderen Laden aufmachte und auch darin nach etwas zu suchen schien. Einmal stutzte er kurz, nahm ein Papier an sich, blickte darauf, schüttelte ein wenig den Kopf und steckte es schließlich gefaltet in seine Rocktasche. Danach verließ er den Raum.

Von: straggerst@aon.at
An: jasmin.koepperl@gmx.at
David und Peter beschlossen, ihre Besprechung bei einem kleinen Mittagessen in Georgetown abzuhalten. Sie gingen die Potomac Street hinunter, das gab David die Gelegenheit, noch einmal beim Mustang vorbeizuschauen, der ihm immer noch

im Kopf herumschwirrte. Doch als sie an die Stelle kamen, an der der Oldtimer noch wenige Minuten zuvor geparkt hatte, war der Platz leer, oder besser: freute sich gerade ein anderer Fahrer, dass er einen Parkplatz gefunden hatte.

Auf der M-Street angekommen, blickten sie nach links und rechts: Weil sie beide keine großen Ansprüche stellten (und auch nicht viel Geld ausgeben wollten), gingen sie in das erste Lokal, das ihnen in die Augen stach: „Paradiso Pizzeria" stand auf einem grün-goldenen Schild, das von einer Art Galgen über dem Gehsteig hing. Wie die meisten Gebäude in dieser Gegend war auch das Restaurant ein auf historisch getrimmter Ziegelbau. Es kam ihnen gelegen, dass drinnen viele der kleinen Marmortische unbesetzt waren, die soliden Holzstühle waren blau und grün, hellbraun und dunkelbraun gestrichen. Sie ließen sich von der attraktiven Kellnerin (David hob anerkennend die rechte Augenbraue und blickte Peter kurz an, doch der blieb regungslos) in die hintere Ecke führen, David nahm Platz an der Wand. Er blickte sich sorgfältig um, niemand war in ihrer Nähe, nur am Fenster – aber mindestens sieben Tische entfernt – saß ein junges Pärchen, das ganz offensichtlich nur Augen füreinander hatte.

Noch ehe sie die Speisekarte studiert hatten, legte David los. Er musste Peter nicht im Detail erklären, wer dieser österreichische Jörg Haider war, um den es ging. Peter war in der CIA in jener Abteilung tätig, die sich auf Mitteleuropa konzentrierte (Europa war in der Central Intelligence Agency in mehrere Blöcke aufgeteilt, Peters Bereich umfasste Deutschland, Österreich, Liechtenstein, die Tschechische Republik und die Slowakei). Doch David wollte Peter auch in sein persönliches Interesse an diesem Fall einweihen. Und so erzählte er ihm von seinem Großvater, der ihm, viele Jahre nach der letzten gemeinsamen Wien-Reise, kurz vor seinem Tod ein altes Tagebuch gezeigt hatte, in dem er den Namen Robert Haider vermerkt hatte.

Das war jener Kriegsgefangene, den Joshua Krimnick während seiner Tätigkeit in Österreich verhört hatte, und dessen 45. Infanteriedivision an abscheulichen Verbrechen in Russland beteiligt gewesen war. David war damals schon beim FBI und Großvater hatte ihn gebeten herauszufinden, ob es einen Zusammenhang gab zwischen dem Jörg Haider, von dem in letzter Zeit so viel in amerikanischen Zeitungen zu lesen war, und jenem Robert Haider, den er persönlich getroffen hatte.

Genau in diesem Augenblick kam die Kellnerin wieder an den Tisch. Während Peter die Bestellung aufgab, musterte sie David genauer: Unter ihrer weißen Bluse, zu der sie eine hellblaue Krawatte trug, waren zwei deutliche Erhebungen zu erkennen, die sofort Davids Fantasie – und noch mehr – anregten. Doch viel Zeit für erotische Vorstellungen blieb nicht, er bestellte ebenfalls eine Pizza („Quattro Stagione") und schon hatte sie ihm den Rücken zugekehrt.

„Wo waren wir stehengeblieben? Ach ja, mein Großvater und Robert Haider." Und David schilderte, wie er mit Hilfe der amerikanischen Botschaft in Wien rasch herausgefunden hatte, dass Robert und Jörg Vater und Sohn waren. „Das heißt natürlich noch gar nichts", sagte David und blickte nach links und nach rechts, nur um sicherzugehen, dass sich niemand in ihre Nähe gesetzt hatte, „es gibt genug Söhne, die sich vom ideologischen Gedankengut ihrer Väter völlig distanziert haben." Doch bei Jörg Haider, so fuhr David fort, war es eben nicht so, jedenfalls hatte er vom Ausspruch über die „ordentliche Beschäftigungspolitik der Nazis", über die Treffen der ehemaligen Teilnehmer am Zweiten Weltkrieg bis hin zu seinen guten Beziehungen zu rechtsgerichteten Parteien in Europa immer durchblicken lassen, dass sein Vater offensichtlich einiges an seinen Sohn übertragen hatte. Noch etwas wollte David loswerden: „Du wirst es nicht glauben, aber ich habe ihn persönlich kennengelernt." Und er erzählte von Haiders Besuch

in Washington vor ein paar Jahren. Damals habe er als ganz junger FBI-Agent wegen seiner wenn auch wenig entwickelten Deutsch-Kenntnisse den Besucher bei seinen Auftritten begleitet. Haider hatte einen Vortrag gehalten und dabei Österreich als „unterentwickelte Demokratie" bezeichnet, das habe damals in seiner Heimat scharfe Reaktionen ausgelöst. „Aber er war mir nicht unsympathisch, ich muss es gestehen, er lud uns – wir waren zu dritt auf ihn angesetzt – zum Mittagessen ein. Und obwohl er mit bedeutenden Persönlichkeiten an einem anderen Tisch saß, stand er während des Essens einmal auf und setzte sich zu uns – vielleicht auch, weil wir die einzigen Jungen in diesem Raum waren."

Danach hatte David viel über Haider nachgelesen und Peter war sowieso auf dem Laufenden. Sein Stationschef in Wien übermittelte regelmäßig Informationen über die seltsamen Begegnungen Haiders mit Führern des französischen Front National, des belgischen Vlaams Blok oder der Lega Nord in Italien. Silvio Berlusconi, so hatte einmal die US-Botschaft in Rom berichtet, mache sogar Sonderbesuche in europäischen Hauptstädten, um die Regierungschefs zu beruhigen, dass Jörg Haider weder die Lega Nord noch die postfaschistische Alleanza Nazionale, die beide potenzielle Koalitionspartner für Berlusconi waren, in irgendeiner Weise beeinflusse.

„Es ist ja interessant, dass selbst unsere US-Medien, die sonst kaum über den Tellerrand blicken, plötzlich Interesse am Landeshauptmann eines kleinen österreichischen Bundeslandes zeigen", sagte Peter und schüttelte andeutungsweise den Kopf. „Ja, das Schlimmste war die Regierungsbildung der christlichen Volkspartei mit den rechtsgerichteten Freiheitlichen. Da wurde ganz Amerika plötzlich mit einer Facette europäischer Politik konfrontiert, die man längst hinter sich zu haben glaubte. Die CBS-News-Abendnachrichten machten das sogar zu ihrem Aufmacher. Warte, ich habe das Transkript dieser Sendung mitgebracht." David stöberte in seinen Unterlagen und zog nach mehreren Fehlversuchen das richtige Blatt hervor: „Erinnerst du dich, wie damals Dan Rather mit Grabesstimme verkündet hat: ‚Ein Echo der Nazi- und antisemitischen Vergangenheit löst in Europa Furcht und Zorn aus. Proteste fegen über den Kontinent. Die USA und seine Alliierten schlagen zurück, weil ein ehemaliger Bewunderer von Hitler die Macht in Österreich erlangt.'"[1]

Noch viel irritierender, erzählte David weiter, *seien für die USA die Besuche des Kärntner Landeshauptmanns in den arabischen Ländern, in Libyen, im Iran und im Irak gewesen.* „Du weißt ja besser als ich, dass wir dort kaum Mitarbeiter unseres eigenen Geheimdienstes hatten und deshalb auf Medienberichte und darauf angewiesen waren, was Haider selbst nach seinen Treffen erzählte." David nahm aus einer Mappe ein paar lose Blätter und legte sie auf den Tisch: „Hier ist alles, was ich über seine Besuche gesammelt habe – er scheint die USA richtig zu hassen. Hier", und er zog ein eng bedrucktes Papier hervor, „hier sagt er zum Beispiel zum Irak-Krieg: ‚All diese Beweise sind in der Giftküche der US-Geheimdienste entstanden, die jede Form von getürkten Protokollen und Telefongesprächen produzieren können.' Und dann wirft er uns vor, wir hätten ein eigenes Ministerium für Desinformation geschaffen, etwas, hör zu, das ‚bisher ein Markenzeichen totalitärer und kommunistischer Regime' war." Danach zitierte er noch einen Satz aus einem Interview Haiders („Die Amerikaner haben ja immer ein sehr kurzes historisches Gedächtnis: Die vergessen, dass Leute wie Verteidigungsminister Donald Rumsfeld einst gute Geschäfte mit Saddam Hussein gemacht haben und jetzt

---

1 Original: *An echo of the Nazi and Anti-Semitic past sets of fear and anger in Europa. Protests sweep the continent. The US and its allies hit back as a former fan of Hitler gains power in Austria.* (CBS News 1. Februar 2000)

gebärden sie sich als die größten Kriegstreiber der USA"[2]*), aber er verkniff sich den Kommentar, dass da auch ein Körnchen Wahrheit dahinter stecken könnte.*

Weil die Kellnerin gerade mit den beiden Pizzas erschien, räumte David rasch die Papiere vom Tisch, nicht ohne schnell einen verstohlenen Blick auf die langen Beine der jungen Frau zu werfen, die seine Fantasie neuerlich anregten. Erst als sie wieder gegangen war, nahmen die beiden die Konversation wieder auf.

„Der Mann ist echt gefährlich", sagte David, und Peter stimmte ihm zu. „Meine Leute sagen das schon seit Jahren – es ist diese giftige Mischung aus Populismus, Charisma und Reichtum – und seine Beziehung zu den Arabern, die ihn mit noch mehr Geld ausstatten, ist auch auffällig –, wir haben aus Wien gehört, dass er aus dem Irak ein paar hunderttausend Dollar mit auf den Weg bekommen hat. Und dann ist da auch noch diese seltsame Beziehung zu Saif Gaddafi, der schwimmt ja auch in Millionen."

David sah die Zeit gekommen, den eigentlichen Grund für dieses Treffen anzusprechen. Er schob den Teller mit den Pizzaresten zur Seite, lehnte sich weit über den Tisch, sah sich noch einmal um und flüsterte in Peters Ohr: „Haider kommt nach New York – er wird dort den Marathon laufen. Das wäre eine gute Gelegenheit. Sprechen wir doch einmal mit deinem zuständigen Abteilungsleiter darüber, auch wenn das so ein Fall ist, bei dem beide Agenturen zuständig – oder nicht zuständig – sind." „Ich weiß, was du meinst", antwortete Peter, „im Inland ist das FBI dran, im Ausland der CIA – aber was, wenn es sich, wie bei uns, um einen Ausländer handelt?" Weil er darauf selbst keine Antwort wusste, schlug Peter vor, einen Termin mit

---

2 Quelle: „Zur Zeit", Februar 2003

Robert Macquire, dem Direktor des National Clandestine Service, zu vereinbaren.

Kriminalkommissar Franz Bugelnik saß da mit geschlossenen Augen. So konnte er seine Gedanken am besten sammeln: Früher waren ihm die besten Einfälle immer dann gekommen, wenn er sich in eine Art Trance versetzte, und das ging nur, wenn er die Augen schloss. Doch jetzt konnte er sich keinen Reim auf das machen, was er eben auf dem Computerbildschirm gesehen hatte. Kropfitsch hatte ihn am Telefon also angelogen: Kein Wort hatte er davon gesagt, dass er selbst im Haus Stefan Straggers gewesen war, kein Wort auch davon, dass der Tote nicht Stefan, sondern dessen Bruder war. Was steckte dahinter? Kropfitsch musste viel mehr wissen, dachte Bugelnik, aber er verheimlichte es.

Bugelnik beschloss, wieder zum Haus am Wörthersee zu fahren und mit den Nachbarn zu sprechen. Es war ein strahlender Herbsttag, statt die Autobahn zu nehmen, blieb der Kommissar auf der Bundesstraße, fuhr vorbei am Minimundus – der kleinen Welt am Wörthersee – viel mehr als den Eiffelturm sah er nicht, alles andere war hinter Büschen und Bäumen versteckt. An der Abzweigung zum Strandbad überlegte er kurz, ob er den Wagen dort parken und einen kleinen, kontemplativen Spaziergang am Ufer machen sollte, entschied sich dann aber doch dagegen. Wenige Minuten später erreichte er Stefan Straggers Haus. Er stellte den Wagen in der Einfahrt ab und blickte sich um. Gegenüber standen einige Gebäude, doch er war nicht sicher, dass sie um diese herbstliche Jahreszeit bewohnt waren. Die meisten Häuser in direkter Nähe zum Ufer waren Zweitwohnsitze oder Ferienwohnungen, die Chance war gering, dass da jemand öffnen würde. Bugelnik ging auf die andere Straßenseite und läutete bei Hausnummer 6. Einmal, zweimal – er wartete, keine Reaktion. Das Nebenhaus war etwas größer, es machte eher den Eindruck, als wäre es ganzjährig bewohnt. Als er dort auf die Klingel drückte – auf dem Schild daneben war der Name Schindler eingraviert –, dauerte es nur wenige Sekunden und die Haustür öffnete sich. Wahrscheinlich hat man mich durch das Fenster beobachtet, dachte Bugelnik, ein gutes Zeichen, den Menschen hier fällt offenbar auf, wenn Fremde auftauchen. Die Dame, die die Haustür einen Spalt weit öffnete (vorsichtig sind sie auch, schoss es Bugelnik durch den Kopf), war etwa 45 Jahre alt, durchaus elegant gekleidet, zumindest für jemanden, der den Nachmittag in seinem Haus verbrachte. Bugelnik stellte sich vor, zeigte seinen Ausweis und wurde eingelassen.

Noch im Vorzimmer überfiel sie ihn mit der Frage, ob der Nachbar wirklich tot sei. Dazu könne er jetzt nichts sagen, versuchte er sie zu beruhigen, aber er sei natürlich wegen des Vorfalls (zu viel wollte er nicht verraten, er dachte, mit „Vorfall" würde er seine Verschwiegenheitspflicht nicht verletzen) im Haus Stefan Straggers gekommen: Ob sie ihm schildern könne, was sie gestern gesehen habe, wenn sie überhaupt zuhause gewesen sei. „Ja, ich war da", begann sie und erzählte, wie in der Nacht („es war sicher schon nach 22 Uhr, weil ich mir im Fernsehen ‚Was gibt es Neues' angesehen habe – wissen Sie, ich liebe den Oliver – wie heißt er nur? Brauer oder so …"), wie also in der Nacht ein Fahrzeug knapp vor der Einfahrt parkte. Und während sie durch den leicht weggeschobenen Vorhang blickte, sah sie im gegenüberliegenden Haus, wie Stefan Stragger in einem Zimmer das gleiche tat: nämlich auch, nur eine Sekunde lang, hinter dem Vorhang auf die Straße schauen. „Sie müssen wissen, Herr Inspektor, ich bin ein richtiger Krimifan, ich schau' mir jeden ‚Tatort' an, und weil mein Mann ja auch im Haus war, auch wenn er schon geschlafen hat, hatte ich auch keine Angst …"

„Was haben Sie dann gesehen?", unterbrach sie Bugelnik, schon etwas ungeduldig. „Zwei oder drei Minuten später ist ein Mann aus dem fremden Auto gestiegen, hat sich am Zaun entlanggeschlichen, wissen Sie, so in gebückter Haltung", und als müsste sie dem Kommissar das noch deutlicher machen, ging sie in die Knie und streifte an der Wand entlang, in dem sie den Kopf und die Augen ständig nach vorne und zur Seite drehte, „und dann ist er zur Tür, hat dort am Schloss herumgefummelt und ist dann ins Haus verschwunden." „Haben Sie ihn erkannt, oder haben Sie das Kennzeichen des Autos lesen können?" „Tut mir leid, Herr Inspektor, Sie haben völlig recht, das wäre sicher wichtig für Sie: Aber es war zu dunkel und das Auto stand auch so da, dass ich leider die Nummer nicht lesen konnte."

„Ich bin ja nicht neugierig", sagte sie, „aber so oft passiert es ja nicht, dass zu so später Stunde hier ein Auto auftaucht. Ich kenne Stefans Straggers Wagen und den von Jasmin Köpperl. Die beiden haben uns schon ein paarmal eingeladen, auf einen Kaffee oder auch zum Abendessen. Einmal – Sie müssen wissen, Stefan … ach was, ich kann Ihnen ja ruhig sagen, wir haben uns geduzt, wenn ich also Stefan sage, dann wissen Sie ohnehin, wen ich meine –, also, einmal, er kocht ja so gut, einmal hat er einen fantastischen Rollbraten gemacht und …" „Frau Schindler, Sie heißen doch Schindler?" Ein leichtes Nicken ihres Kopfes machte ihm klar, dass er das Namensschild richtig interpretiert hatte – „Frau Schindler, ich will Sie nicht unterbrechen, aber was ist dann passiert, als der Mann ins Haus ging?" „Na ja, was dann passiert ist, das weiß ich natürlich nicht." „Und, ist Ihnen dann noch etwas aufgefallen?" „Nein, eigentlich nicht, er war, glaube ich, nicht sehr lange drin, weil ich bald darauf wieder den Motor habe starten gehört – ich bin dann in die Küche gegangen, um den Herd abzudrehen. Ich hatte gestern am Abend schon für heute gefüllte Paprika gekocht, die isst mein Mann so gerne, er sagt immer, die gefüllten Paprika würden ihn an den Sommer erinnern. Wissen Sie, Herr Inspektor, im Sommer fahren wir immer auf die Alm, hier am Wörthersee ist es uns einfach zu laut!" „Ja, ich verstehe", unterbrach sie Bugelnik, der damit den nächsten Wortschwall über Dinge, die ihn absolut nicht interessierten, aufhielt. „Irgendetwas sonst noch, das für mich von Interesse sein könnte?" Er hatte kaum noch Hoffnung, von Frau Schindler etwas zu erfahren, das er sich nicht schon selbst zusammengereimt hatte. „Tja, ich weiß nicht, aber ich bin in der Nacht einmal aufgewacht, weil es mir so vorgekommen ist, als hätte ich wieder ein Auto gehört. Und wie ich dann aus dem Zimmerfenster blickte, hatte ich den Eindruck, als würden da drei Männer ins Haus gehen. Nur – etwas ist mir wirklich seltsam vorgekommen – die drei sind so gegangen, als wäre der in der Mitte, ich weiß nicht: schwer betrunken. Er hat seine Beine kaum bewegt, und die beiden anderen haben ihn, so ist es mir jedenfalls vorgekommen, links und rechts gestützt."

„Haben Sie gesehen, ob das dasselbe Auto war wie ein paar Stunden zuvor?" „Das kann ich nicht sagen, ob es dasselbe war, ich bin kein Autospezialist, aber ich glaube, es war dieselbe Marke, die auch mein Mann fährt, ein Mazda 626." „Frau Schindler, vielen Dank, Sie haben mir sehr geholfen. Wenn Ihnen noch etwas einfällt, hier ist meine Karte", Bugelnik öffnete seine Brieftasche und zog eine Visitenkarte hervor, „Sie können mich jederzeit anrufen."

Jasmin Köpperl hatte jeden Überblick verloren, sie hatte keine Ahnung, wie lange sie schon auf dem Boden lag. Ihr Kopf schmerzte, von den Schlägen und vom Aufprall. Dazu kam die unbequeme Haltung mit den auf dem Rücken zusammengeschnürten Händen, nur die Beine hatten die beiden so lose an den Stuhl gebunden, dass es ihr gelang, sie freizubekommen. Sie öffnete die Augen, das rechte schien ein wenig verklebt zu sein, jedenfalls musste sie das Oberlid mit einiger Muskelanspannung dazu bringen, das Auge freizugeben. Viel konnte sie nicht wahrnehmen: Es war ziemlich dunkel im Raum, Jasmin wusste nicht, ob das mit der Tageszeit zusammenhing oder weil die Vorhänge kaum ein Licht durchließen. So gut es ging, versuchte sie sich mit den Beinen in eine bequemere Stellung zu bringen. Doch mehr als eine 180 Grad Drehung gelang ihr nicht. Immerhin hatten sich die Augen inzwischen an die Dunkelheit gewöhnt und so konnte sie ihre Umgebung wahrnehmen: Das Zimmer war groß, aber nur sehr spartanisch möbliert, in einiger Entfernung stand ein Tisch, an der Wand ein Schrank und ganz knapp hinter ihr eine Couch. Sie schob sich an die Sitzbank heran, bis sie mit den Schultern daran anstieß. Dann drückte sie die Beine gegen den Fußboden und klemmte die Schultern in einen stufenartigen Vorsprung der Couch. So war sie in der Lage, sich langsam, Zentimeter für Zentimeter, mit der Stuhllehne nach oben zu schieben. Und tatsächlich, mit einem Ruck kippte der Stuhl nach vorne und landete auf allen vier Beinen. Jasmin atmete tief durch. Es war nur ein kleiner Erfolg, aber immerhin lag sie nun nicht mehr auf dem Boden. Doch wie sollte sie hier herauskommen? Ihre Hände waren auf dem Rücken gefesselt, keine Chance, sie freizubekommen. Soweit sie das in der Dunkelheit feststellen konnte, war nirgendwo ein scharfes Teil zu sehen, bei dem sie, wenn es in der richtigen Höhe lag, vielleicht die Fesseln losschaben konnte. Jasmin dachte über die Männer nach, die sie hierher verschleppt hatten. Ihre Stimmen hatte sie nicht erkannt, und von den Gesichtern war wegen der Kapuzen, die sie trugen, ohnehin nichts zu sehen gewesen. Sie versuchte sich zu entsinnen, ob ihr sonst noch etwas aufgefallen war, an der Kleidung, an irgendetwas. Doch da war nichts, abgesehen davon, dass sie das Gefühl hatte, selbst wenn sie die Männer schon einmal gesehen hätte, würde ihr das auch nicht die Freiheit bringen. Während Jasmin grübelte, sich umsah und an Stefan dachte, öffnete sich plötzlich die Tür. Einer der Männer trat ein, er trug wieder eine Kapuze mit zwei Augenschlitzen und einer Öffnung für den Mund. Sie konnte nicht abschätzen, ob es derjenige war, der sie vorhin geschlagen hatte. Sie fürchtete sich – würde er sie wieder strafen, weil sie sich selbst aufgerichtet hatte? „Frau Köpperl, es tut mir sehr leid, das war ein Riesenirrtum. Sie können wieder gehen. Das heißt, ich binde Sie jetzt los, denn sonst können Sie natürlich nicht gehen." Sein Zynismus fiel bei ihr nicht auf fruchtbaren Boden. „Was heißt, es tut Ihnen leid – erst schlagen Sie mich halb tot, und jetzt tun Sie so, als wäre nichts geschehen!" Unterdessen war der Mann hinter den Stuhl getreten, um ihre Handgelenke zu befreien. Erst jetzt spürte sie, wie die Stellen schmerzten, an denen das Seil an der Haut geschabt hatte. „Wir haben Vorsorge getroffen, das Sie uns nicht wiedererkennen und uns auch nicht finden: Wir werden Ihnen jetzt die Augen verbinden und Sie aus dem Haus führen. Dann setzen wir Sie in einen Wagen, und alles Weitere sehen Sie ohnehin selbst."

Jasmin konnte es nicht glauben. Der Mann, der so gewalttätig war, oder vielleicht war es auch sein Kumpel, sprach jetzt ganz freundlich zu ihr, absolut nichts Bedrohliches lag mehr in seiner Stimme. Er nahm sie am Arm, holte aus seiner Sakkotasche ein schwarzes Tuch und band es ihr um die Augen. Dann führte er sie aus dem Raum, Jasmin trippelte ganz vorsichtig, um nicht zu stolpern, er machte sie sogar auf die drei Stufen vor der Haustür aufmerksam, öffnete die Autotür und legte ganz vorsichtig seine Hand auf ihren Kopf, um sicherzugehen, dass sie beim Einsteigen nicht anstieß. Er stieg neben ihr ein, Jasmin streckte ihre Hände aus und erkannte an der Rückenlehne des Vordersitzes, dass sie beide hinten saßen. Der Fahrer betätigte den Starter und sie setzten sich in Bewegung. Sie hatte das Gefühl, bergab zu fahren, wieder war es eine kurvige Straße, aber nach nur wenigen Minuten blieben sie stehen. „Wir lassen Sie jetzt aussteigen, aber Sie nehmen die Binde nicht ab. Dann fahren wir los, und gleich danach wird ein Taxi kommen, in das Sie dann einsteigen. Sagen Sie dem Fahrer, wohin Sie wollen, ach ja, das Tuch können Sie dann wieder abnehmen." Jasmin stieg aus, der Fahrer gab Gas, und als sie das Gefühl hatte, sie seien weit genug weg, öffnete sie den Knoten des Tuches am Hinterkopf. Das Tageslicht blendete sie so sehr, dass sie nur die Silhouette eines weit entfernten Autos sah, wie es gerade hinter einer Biegung verschwand. Von der anderen Seite kam fast gleichzeitig ein Taxi heran. Es blieb stehen, der Fahrer rollte das Seitenfenster herunter, senkte den Kopf so, dass er ihr ins Gesicht blicken konnte und fragte: „Frau Köpperl? Steigen Sie ein!"

Von: straggerst@aon.at
An: jasmin.koepperl@gmx.at
Das Abendessen war schon seit langer Zeit vereinbart: Die beiden Familien Krimnick und Polugren hatten bisher einfach keinen gemeinsamen Termin zustande gebracht – immer war irgendetwas dazwischen gekommen. Bob Polugren war ohnehin die meiste Zeit im Ausland, die letzten zwei Jahre in der Ukraine: Angeblich sollte er dort den Beamten beibringen, wie ein Rechtsstaat funktioniert, doch es gab auch Gerüchte, er sei

in Wirklichkeit ein CIA-Agent, der dorthin versetzt wurde, um die USA über die Geschehnisse in diesem wichtigen ehemaligen Sowjet-Satelliten auf dem Laufenden zu halten. Oder – manchmal scherzte er selbst darüber – er sei nach Kiew übersiedelt, weil man dort noch überall Zigarren rauchen durfte, etwas, das in seinem Land – und in Maryland im Besonderen – schon fast als Verbrechen galt.

Nun saßen sie am Tisch, Bob, seine Frau Patricia, David und Eleanor. Patricia hatte ein ganzes Hühnchen zubereitet, die Krimnicks erinnerten sich, dass sie das auch schon letztes Mal, allerdings war das schon lange her, vorgesetzt bekommen hatten. Das besonders Praktische an diesen Zusammenkünften war, dass man die Polugrens zu Fuß besuchen konnte. Konnte – sie waren schließlich nur fünf Gehminuten von den Krimnicks entfernt, aber man musste nicht, vor allem, wenn man eine Flasche Wein und einen Blumenstrauß mitbringen wollte. Dafür erwies sich der sechszylindrige Volvo SUV, den meist Eleanor benutzte, gerade als passendes Transportmittel.

Nur mit einem konnten sich die Krimnicks schwer abfinden: Bei den Polugrens sah es immer so aus, als hätte gerade eine Bombe eingeschlagen. Wohin man blickte, überall lagen Papiere, Bücher, leere Pizza-Schachteln, aus denen noch Ansätze von Käseresten heraushingen, die Küche hatte schon wochenlang keinen Generalputz mehr gesehen. Lediglich im Esszimmer wurde kurzfristig alles zur Seite geräumt, um so etwas wie Gemütlichkeit zu erzeugen, vorwiegend aber, um Platz für vier Stühle und ein Abendessen zu schaffen.

Bob säbelte ein Stück vom Hühnchen ab, das braungebrannt in einer Glaspfanne brutzelte. Gleichzeitig berichtete er über die komplexe politische Lage in der Ukraine: von den beiden Seiten, einer pro-russisch eingestellten und einer, die das Land lieber zum Westen hin ausrichten wollte. „Kürzlich ist ein oppositioneller Politiker verschwunden, er war Parlamentsabge-

ordneter, sehr ehrgeizig, er hatte mehrmals die USA besucht, um sich hier Wahlkämpfe anzusehen. Ich habe gehört, er wollte den Parteivorsitz übernehmen. Aber daraus wird nun wohl nichts mehr: Sie haben ihn aus einem Stausee gefischt. Erst hieß es, er habe Selbstmord begangen, aber dann wurde klar, dass ihn jemand umgebracht hatte." Patricia sah Bob an, ihr Blick verriet, dass sie sich um ihren Mann ängstigte. Sie hatte ihm schon öfter geraten, sich einen neuen Job zu suchen, als Rechtsanwalt hätte er in Washington mindestens genauso viel verdient, aber Bob reiste immer wieder zurück nach Kiew. *"Aha, wer hat ihn ermordet?"* David stellte die Frage so unverdächtig wie möglich. Niemand, nicht einmal seine Frau, wusste, dass er selbst gerade mitten in einem Mordszenario war, außerdem: Es hatte ja noch niemand sein Leben lassen müssen, aber die Pläne waren schon weit gediehen.

Patricia nahm die Salatschüssel und reichte sie an Eleanor weiter. *"Das wissen wir noch nicht, äh"*, und Bob merkte, dass er gerade dabei war, einen schweren Fehler zu begehen, *"äh, die Behörden haben den Fall noch nicht aufgeklärt."* Und dann erzählte er – *"Ich hab das alles nur aus den Zeitungen, und was mir so die Kollegen zustecken"* –, dass der Mord ganz besonders gefinkelt abgelaufen sein musste. Jedenfalls war der Abgeordnete nicht im Stausee ertrunken, das hatte man bald festgestellt, denn es fand sich kein Tropfen Wasser in seiner Lunge, nein, er musste vergiftet worden sein, aber was für ein tödliches Mittel verwendet worden war, habe man noch immer nicht herausgefunden. *"Hat man nicht vermutet, dass Papst Johannes Paul I. auch auf solche Art gestorben ist?"*, warf Eleanor ein. Sie erinnerte sich, dass damals viel darüber geschrieben worden war, weil das Oberhaupt der katholischen Kirche nur wenige Wochen im Amt war. *"Hatte nicht die Mafia damit etwas zu tun?"* Jetzt war es Patricia, die ihren Beitrag zur Diskussion beisteuerte. David selbst wollte sich nicht mehr einmischen, *wollte dieses Thema am liebsten beendet sehen. Doch Bob hatte noch nicht genug ausgeplaudert. Er wusste selbst am besten, wie viel er sagen konnte, ohne zu den Gerüchten beizutragen, dass seine Funktion in der Ukraine eine ganz andere war, als er öffentlich kundtat. „Na ja, es gibt ja genug Gifte, die keine Spuren hinterlassen: Arsen, wenn man es in richtiger Dosierung verwendet, oder Rizin."*

Die Konversation am Tisch ging nach der morbiden Diskussion dann doch irgendwie auf die Kinder über. Susan, Bobs und Patricias Tochter, und Ross waren fast gleich alt, die Zeit war gekommen, sich über den nächsten Schritt ihrer Ausbildung den Kopf zu zerbrechen, und so wurde im Abwägen des Pro und Contra einzelner College-Towns im Gespräch ein Großteil der Vereinigten Staaten virtuell bereist.

Die cremige Nachspeise versetzte David und Eleanor in einen Zustand der wohligen Unbeweglichkeit, sodass sie froh waren, mit dem Auto nach Hause fahren zu können, auch wenn es nur zweihundert Meter waren und leicht bergab ging. Als sie dann zuhause waren und sich Eleanor ins Badezimmer verzogen hatte, rief David Peter an. Durch Zufall habe er erfahren, teilte er ihm mit, welches Mittel sich besonders für ihren Plan eigne. Entweder hatte er seinen Freund gerade vor dem Einschlafen erwischt, oder es hatte andere Gründe, doch besonders begeistert schien dieser nicht.

Jasmin Köpperl gab dem Taxifahrer ihre Adresse. Sie hatte kurz überlegt, ob es klug sei, nach Hause zu fahren – schließlich war sie dort überfallen und verschleppt worden. Doch nach der überraschenden Wende, der Entschuldigung durch ihre Kidnapper und der Freilassung sah sie keine Gefahr mehr – auch wenn sie sich vornahm, gleich in den nächsten Tagen nicht nur die Schlösser der Außentüren zu wechseln, sondern auch zusätzliche Sicherheitsmaßnahmen zu treffen.

Vor allem die Fenster zum Garten hinaus würde sie rasch mit Eisengittern versehen.

Zuhause angekommen, ging sie zuerst ins Badezimmer, um ihre Verletzung an der Wange zu begutachten. Das sah zum Glück nicht so schlimm aus, ein Kratzer, der bald verheilen würde. Dann machte sie einen Rundgang durch die Wohnung. Was hatten die seltsamen Männer mitgenommen, außer sie selbst, hatten sie überhaupt etwas angerührt? Ein erster oberflächlicher Blick beruhigte sie: Alles lag an seinem Platz. Im Wohnzimmer, dessen eine Hälfte auch als eine Art Büro diente, schien nichts zu fehlen, selbst ihr Computer stand noch so da, wie sie den Ort – unfreiwillig – verlassen hatte. Der Ein-Aus-Knopf zeigte ein blau blinkendes Licht: Er war in Schlafstellung gegangen, sie hatte ja keine Zeit gehabt, das Gerät abzuschalten.

Jetzt hatte Jasmin vor allem einmal Hunger, hatte sie doch seit gestern am späten Nachmittag nichts mehr gegessen. Sie ging in die Küche – hier sorgte sie sich am allerwenigsten, dass etwas fehlen würde – und warf einen Blick in den Kühlschrank. Sie war weder eine herausragende Köchin noch eine gute Organisatorin, das konnte jeder noch so unvoreingenommene Beobachter erkennen: ein angebrochenes Milchpackerl, dessen Ablaufdatum nur dank des Wunders der Chemie noch nicht überschritten war (sie hatte sich schon öfter vorgenommen, einmal zu recherchieren, welche chemischen Mittel eingesetzt werden, um zu ermöglichen, dass Milch nun plötzlich 14 Tage oder noch länger frisch bleibt), ein Glas mit leicht angeschimmelten Essiggurken (genau darauf hätte sie jetzt Lust gehabt, aber die feinen Härchen an einigen der schwimmenden, kleinen grünen Dinger, die aussahen wie Krokodilschwänze, verdarben ihr den Appetit). Außer Tomaten-, Senf- und Kren-Tuben, einem roten und einem orangenen Marmeladeglas (die Essiggurken hatten ihr die Lust genommen nachzusehen, wie es dort um den Schimmel stand) und einer Butterdose (ha!, sie erinnerte sich, dass sie die Butter erst vor ganz wenigen Tagen gekauft hatte) war nichts Brauchbares zu finden. Außer einem ebenso relativ frisch erstandenen Brot, und darauf strich sie die Butter und biss herzhaft hinein.

Als nächstes rief sie ihren Chefredakteur an und ersuchte ihn, ihr aus persönlichen Gründen freizugeben. Sie werde ihm morgen alles im Detail erklären, doch nun müsse sie noch dringend zu einem Termin. Ihr Chef war nahe daran, sie zu drängen, seine Neugierde doch schon am Telefon zu stillen, aber er tat es dann doch nicht. Dann suchte sie in ihrer Handtasche, die ebenfalls unangetastet auf dem Stuhl lag, auf den sie sie gestern gelegt hatte, nach der Visitenkarte von Kommissar Bugelnik. Nach einigem Wühlen fand sie schließlich die Karte und wählte seine Nummer: „Hier ist Jasmin Köpperl. Herr Inspektor, haben Sie Zeit, ich muss Ihnen etwas erzählen. Können wir uns zum Mittagessen treffen?" Franz Bugelnik, der damit rechnete, Jasmin würde ihm Neuigkeiten von Stefan Stragger geben können, sagte gleich zu.

Von: straggerst@aon.at
An: jasmin.koepperl@gmx.at
Sie trafen sich im Café Noir auf der Ahad Ha'am, die nur eine Gasse von der belebten Rothschild Avenue entfernt liegt. Nach ihrem Gespräch im Außenministerium in Jerusalem waren sie sich einig, dass sie ihren Plan nur mit Hilfe eines versierten Technikers ausführen konnten. Und auf diesen warteten sie hier. Sie hatten verschiedene Möglichkeiten besprochen, von Scharfschützen bis hin zu Giftpillen („Wir haben in unseren Labors schon mit Tabletten experimentiert, die sich – zumindest bei Ratten – fast nicht mehr nachweisen lassen", hatte Yossi Galem, der sich sonst im Gespräch zurückhielt, nicht ohne Stolz vermerkt), hatten das aber verworfen. „Wir müssen etwas heranziehen, das völlig unauffällig ist, wo niemand auch nur im Entferntesten auf die Idee käme, dass wir etwas damit zu tun gehabt haben könnten", hatte Avner Fohlt dann gesagt, immer um das Image seines Landes im Ausland besorgt. So hatten sie noch in Jerusalem beschlossen, eines dieser whiz-kids um Rat zu fragen, einen Absolventen der Technion, jener Universität in Haifa, die seit fast hundert Jahren die besten Techniker des Landes hervorbrachte. Als die Uni 1923 gegründet wurde, gab es nicht einmal hebräische Ausdrücke für viele technische Errungenschaften – mittlerweile trugen rund 60.000 Absolventen den Ruf von Technion in die ganze Welt.

Und weil sie die Zeit irgendwie totschlagen mussten, bis ihr Gast kam, sprachen sie über die neuesten Erfindungen: Nicht alles, so erwähnte Avner Fohlt, was dort an der Uni ausgedacht wurde, eigne sich unmittelbar für praktische Anwendungen. Kürzlich habe er von einem revolutionären Straßenprojekt gelesen: Durch die Vibrationen und das Gewicht der Fahrzeuge, die über einen mit piezo-elektrischen Generatoren versehenen Belag fuhren, würde brauchbare Energie erzeugt. „Gute Idee", erwiderte Rachel Hagev und schüttelte den Kopf, „jetzt kann man fröhlich argumentieren, dass wir nur mehr Straßenverkehr brauchen und schon sind wir alle Energiesorgen los." Alle lachten, obwohl sie sich nicht sicher waren, ob es sich um einen Scherz oder eine ernsthafte Überlegung handelte.

Avner Fohlt, Yossi Galem und Rachel Hagev warteten ungeduldig an ihrem Tisch – sie hatten extra einen Platz im Sonderraum reservieren lassen –, nur der vierte Stuhl war noch leer. Rachel blickte auf die Uhr, es war 21.10 Uhr, ihr Gast hatte schon zehn Minuten Verspätung. „Sollen wir Jakov anrufen?", fragte sie niemand Bestimmten in der Runde. „Ach, was, der ist jung, er wird sicher gleich auftauchen", erwiderte Avner Fohlt, ohne den Mann, auf den sie warteten, je vorher gesehen zu haben. In diesem Augenblick kam auch, etwas atemlos, ein junger, schwarzhaariger Mann mit einem kleinen Rucksack über der Schulter bei der Türe herein. Sie hatten mit ihm vereinbart, dass er sich mit einem Codewort bei ihnen melden sollte, und so wunderte sich auch niemand, dass er, bevor er noch gegrüßt hatte, ein leises „Phaeton?" von sich gab. „Sie sind richtig, Jakov", sagte Yossi Galem, der den Kontakt zu Jakov Scherenbaum hergestellt hatte. Galem hatte vor zwei Jahren von Scherenbaum gelesen. Dieser hatte einen Sprengstoff hergestellt, der aus Chemikalien bestand, die sich nach der Explosion in Sauerstoff und Wasserstoff auflösten und somit nicht nachzuweisen waren. Bei seinen Erkundigungen nach Jakov stieß er auch zufällig auf eine wenn auch marginale österreichische Komponente. Jakovs Mutter war als Jugendliche in den 1970er Jahren mit ihren Verwandten aus der Sowjetunion nach Israel geflohen. Sie waren unter den letzten sowjetischen Juden gewesen, die im österreichischen Transitlager Bad Schönau auf ihre Ausreisegenehmigung warteten, bevor der damalige Bundeskanzler Bruno Kreisky das Lager schließen ließ.

Nachdem sie die Speisen bestellt und sie serviert bekommen hatten (der Zufall wollte es, dass das Restaurant vor allem für seine „Schnitzel" bekannt war, wenn auch niemand in dieser Gruppe besondere Lust auf eine österreichische Spezialität verspürte), schilderte Yossi Galem Jakov, wonach sie suchten. Er nannte keinen Namen, sprach so theoretisch wie möglich („… sollte einmal ein derartiger Auftrag an uns herangetragen werden …"), doch diese Geheimnistuerei war bei Jakov gar nicht nötig: Er hatte nach seinem obligaten dreijährigen Militärdienst enge Beziehungen zur Armee geknüpft und seine herausragenden technischen Fähigkeiten immer wieder dem Heer zur Verfügung gestellt. Zuletzt hatte er an einem Gerät gebastelt, mit dessen Hilfe das Auftanken von Kampfflugzeugen in der Luft vereinfacht werden sollte. Noch war das nicht in einem regulären Einsatz erprobt worden, aber Computeranimationen hatten sich als vielversprechend herausgestellt.

„Ich arbeite gerade an einem System, das die Lenkung eines Fahrzeuges auf Befehl unbrauchbar macht. Wenn wir das Teil in ein Auto einbauen, dann sieht ein Sabotageakt wie ein Unfall aus", erzählte Jakov. „Wir haben es sogar schon einmal ausprobiert, auch wenn Sie darüber noch nirgends etwas gelesen haben: Auf diese Art brachten wir einen militanten Palästinenser zur Strecke. Er krachte mit seinem Wagen gegen eine Hausmauer – weil er in einem alten Peugeot unterwegs war, dachten alle, irgendetwas am Auto musste gebrochen sein. Dabei haben wir mit Hilfe einer Fernzündung einfach die Lenkstange gesprengt. Na ja, drüben in der Westbank gibt es ja auch kaum technische Einrichtungen, die einen derartigen ‚Unfall' so rekonstruieren könnten, dass man herausfinden könnte, was da tatsächlich passiert ist."

Jasmin Köpperl traf zehn Minuten später als geplant im Restaurant am Alten Platz ein. Sie war auf den letzten Metern auf eine Freundin gestoßen, die sie natürlich gleich auf die Schramme auf Jasmins Wange ansprach. Sie merkte auch, dass

Jasmin nervös und – das wollte sie ihr freilich nicht sagen – leicht verwirrt wirkte. Trotz mehrfacher Anläufe schaffte sie es aber nicht herauszufinden, was mit Jasmin los war, warum sie so irritierend rasch und abgehackt sprach. Solange sie selbst nicht hinter das Geheimnis (gleich verbesserte sie sich selbst: hinter die Geheimnisse) gekommen war, wollte Jasmin aber mit niemandem anderen als Bugelnik darüber sprechen, was ihr in den vergangenen Tagen widerfahren war.

Kriminalkommissar Franz Bugelnik hatte einen Eckplatz ausgesucht, der nicht nur schlecht einsehbar war – sie selbst hatte ihn erst entdeckt, als sie zum zweiten Mal den Raum umrundete –, sondern wo auch niemand ihrer Konversation folgen konnte. Er stand auf, als Jasmin auf ihn zukam: Seinem kriminalistischen Gespür blieb nicht verborgen, dass Jasmin etwas Ungewöhnliches mit sich trug. Sie gab ihm die Hand, ihr schien, als würde er sie besonders einfühlsam drücken, dann setzten sie sich und sie entschuldigte sich für die Verspätung. Das gab ihr gleichzeitig die Gelegenheit, einmal tief durchzuatmen und sich zu fassen. „Frau Köpperl, ist alles in Ordnung mit Ihnen? Ich sehe Ihnen an, Sie ..." Aber er kam nicht einmal bis zum Ende des Satzes. Aus ihr brach es heraus, als müsste sie nach einem schweren Essen alle Schleusen ihres Körpers öffnen. Sie vertraute sich Bugelnik ohne Einschränkungen an: So gut sie sich erinnerte – und der Kriminalist half ihr mit gezielten Fragen, wenn sie einmal ein Detail nicht mehr wusste –, erzählte sie von ihrer Entführung, der Fahrt im Kofferraum, dem Haus, in das sie verschleppt wurde und das ihr so vertraut erschien, den Fesseln, den Schlägen, der Nacht auf dem Boden, bis hin zur plötzlichen Freilassung inklusive der unerwarteten Entschuldigung. Und natürlich erwähnte sie auch noch das Taxi, mit dem sie dann wieder nach Hause gefahren war. Bugelnik konnte sich fürs Erste auch keinen Reim auf diese Geschichte machen; dass es etwas mit dem Verschwinden von Stefan Stragger zu tun hatte, war ihm schon klar geworden, bevor Jasmin erwähnte, dass die Männer nach ihm und seinem Verbleiben gefragt hatten. In der Zwischenzeit war die Kellnerin aufgetaucht, doch Jasmins Hunger war auf die Größe einer Tagessuppe zusammengeschrumpft. Mehr, das spürte sie, würde sie im Moment nicht schlucken können.

„Erinnern Sie sich an irgendetwas, und wenn es noch so unerheblich ist, das Herr Stragger Ihnen erzählt hat, bevor er verschwunden ist?", fragte Franz Bugelnik, als sich die Kellnerin wieder entfernt hatte. Jasmin dachte nach. Sie versuchte genau zu rekonstruieren, wie die letzten Tage mit Stefan verlaufen waren, worüber sie gesprochen hatten. Doch das meiste war sehr persönlich, und das Intime, das sie auch behandelt hatten, wollte sie schon gar nicht preisgeben. Dann fiel ihr etwas ein, sie wusste freilich nicht, ob das von irgendeinem Interesse sein würde. „Stefan hat vor ein paar Tagen, ich weiß nicht mehr genau, wann das war, ich habe dem ja auch gar keine so große Beachtung geschenkt, Stefan hat so eine Bemerkung über einen Kollegen gemacht. Irgendwas war da mit einer Deutschlandreise …" „Stefan war in Deutschland?" „Nein, nicht er, Oberst Kropfitsch."

Auch wenn es in ihrem Kopf immer noch wie in einem Wespennest zuging, erkannte Jasmin an der Reaktion ihres Gegenübers sofort, dass ihm das interessant erschien. „Und? Hat Stefan irgendwelche Details genannt? Warum soll Kropfitsch nicht nach Deutschland reisen, er trifft sich sicher immer wieder mit seinen Kollegen von der Bundeswehr oder auch vom Bundesnachrichtendienst – ich brauche Ihnen ja nicht zu erzählen, dass der Terrorismus nicht vor den Grenzen halt macht." „Nein, das war es nicht, Stefan hat durchblicken lassen, dass diese Reise irgendetwas mit Rechtsradikalen zu tun gehabt hat. Aber mehr weiß ich auch nicht."

„Meinen Sie, dass es um gemeinsame Aktionen von Deutschland und Österreich gegen Neonazis gegangen sein könnte?"
„Also, ich habe das anders verstanden oder jedenfalls anders in Erinnerung. Ich glaube, Stefan hatte den Verdacht, dass Oberst Kropfitsch mit diesen Leuten sympathisiert, dass er da irgendwas im Schilde führte."

Franz Bugelnik kehrte zurück in sein Büro. Nachdem er sich von Jasmin verabschiedet hatte, rief er in seiner Abteilung an und forderte eine diskrete Bewachung für Jasmin Köpperl an („Es geht nicht so sehr darum, dass sie nichts davon bemerkt, ich möchte nicht, dass irgendjemand anderer … Sie wissen schon!") – auch wenn er kaum an eine Wiederholung glaubte, wollte er sichergehen, dass sie nicht noch einmal entführt wurde. Doch mehr Sorgen machte ihm, was er darüber hinaus beim Mittagessen erfahren hatte: Sein Freund Georg Kropfitsch und die deutschen Neonazis. Er konnte sich das nur sehr schwer vorstellen, und doch: Wenn er in seinem Bekanntenkreis jemandem rechtsradikale Tendenzen zutraute, dann noch am ehesten Kropfitsch.

Von: straggerst@aon.at
An: jasmin.koepperl@gmx.at
Peter hatte David Krimnick beim Chef des National Clandestine Service angemeldet, der nach den Anschlägen vom 11. September 2001 alle „human intelligence"-Aktivitäten übernommen hatte. Es war alles andere als einfach, in das Hauptquartier des amerikanischen Geheimdienstes einzudringen, selbst wenn man von einem Mitarbeiter eingeführt wurde, und selbst wenn der Gast beim „Federal Bureau of Investigation" tätig war – dann war es vielleicht noch schwieriger, denn die beiden Büros waren nicht für ihre enge Zusammenarbeit bekannt. Schon bei der Einfahrt in McLean, etwas außerhalb

von Washington, wurde Peters SUV genau untersucht: Er musste die Motorhaube öffnen, ebenso den Kofferraum, dann wurde der Wagen auch noch von unten mit Spiegeln quasi durchleuchtet. Niemand wollte sich hier der Gefahr aussetzen, dass jemand eine Bombe im Auto eines CIA-Mitarbeiters auf das Gelände einschleuse. Nach dieser Prozedur stellten sie das Fahrzeug auf dem riesigen Betriebsparkplatz ab. Sie gingen durch den imposanten Haupteingang in den Bürokomplex, in dem dreieinhalbtausend Angestellte mit ihrer geheimdienstlichen Arbeit tätig sind. David erkannte rasch, dass Peter ihn beeindrucken wollte – er führte ihn vorbei an dem im Durchmesser fast fünf Meter großen, mit Granit eingelegten Siegel der Central Intelligence Agency, in dem ein Adler, ein Schild und ein Kompass auf die wichtigsten Symbole der Geheimagentur hinwiesen. Bei einem Empfang-Desk blieben sie stehen. Nachdem Peter irgendeinen unverständlichen Code genannt hatte, händigte die Dame ohne eine weitere Frage den beiden zwei Ausweise aus, die in durchsichtigen Plastiktäschchen steckten und mit einem Clip versehen waren. David warf einen raschen Blick darauf, er erspähte ein „National Clandestine Service" und die daraus abzuleitende Abkürzung NCS. Die dunkelhaarige Empfangsdame sagte: „Direktor Macquire wartet schon auf Sie" und zeigte mit der Hand nach hinten.

Von der Decke leuchteten quadratische Neonlampen, Peter und David gingen an den unzähligen viereckigen Betonsäulen vorbei, die wie eine Ehrengarde in Reih und Glied dastanden – David hatte das Gefühl, hinter jeder Säule stünde ein Agent, der jeden ihrer Schritte genau beobachtete. Ein Lift, der nur mit einem fünfstelligen Zahlencode und einem dazugehörigen Ausweis, den Peter kurz draufhielt, geöffnet werden konnte, brachte sie in den dritten Stock. Der Gang ließ ihnen die Wahl, nach links oder nach rechts zu gehen, Peter wusste natürlich, wo die Abteilung, die er aufsuchen wollte, zu finden war – und wieder mussten sie sich anmelden, diesmal aber auch akustisch: Peter gab durch die Sprechanlage seine Daten durch und auch David musste seinen Ausweis auf eine eingebaute Kamera halten, dann öffnete sich die schwere Glastür. Danach waren es nur noch wenige Meter, bis Peter an einer Tür klopfte, ein harsch klingendes „Herein" war als Reaktion zu vernehmen und sie traten ein. David Krimnick war überrascht: Direktor Robert Macquire entpuppte sich als kleiner, aber stämmiger Mittvierziger, dessen freundliches Lächeln so gar nicht zu der rauen Stimme passte, die gerade erst durch die schwere, gepolsterte Tür zu hören gewesen war. Er wies den beiden Gästen zwei Sitze neben dem Fenster zu, fragte sie, was sie gerne zu trinken hätten und übermittelte ihren Wunsch über eine Sprechanlage. Dann setzte er sich auf den dritten, noch frei gebliebenen Stuhl.

„Erzählen Sie mir, wie weit sind Sie und was haben Sie vor?" David lehnte sich zurück und schilderte alles, was er über diesen österreichischen Politiker wusste, der immer mehr zu einem internationalen Problem geworden war. Robert Macquire wusste natürlich von Haiders Begegnungen in der arabischen Welt – von seinem Treffen mit Saddam Hussein, seinen engen, geradezu familiären Beziehungen mit den Gaddafis, seinem Aufenthalt im Iran, aber David war in der Lage, auch persönliche Beobachtungen beizusteuern, schließlich war er der einzige dieser kleinen Gruppe, der Haider von Angesicht zu Angesicht gesehen hatte. Längere Zeit sprachen sie dann auch noch über die Verbindungen, die der Kärntner Politiker zu anderen rechtsradikalen Parteien in Europa gesucht hatte. Das alles vor dem Hintergrund seiner befremdlichen Äußerungen über die „ordentliche Beschäftigungspolitik des Dritten Reiches". Selbst wenn sich die laut herausposaunten Schreckensmeldungen eines amerikanischen Nachrichtensenders („ein ehemaliger Bewunderer Adolf Hitlers erlangt die Macht in Österreich") nicht bewahrheitet hatten, die Gefahr war dadurch nicht beseitigt,

dass Haider selbst nicht Teil der Regierung geworden war. „Er führt sicher etwas im Schilde", sagte Robert Macquire und blickte David an. „Das könnte die schlimmsten Folgen haben. Wir bekommen fast täglich Meldungen unserer Botschaften und auch unserer Sonder-Agenten über Übergriffe auf Ausländer, vor allem, wenn sie aus ost- oder südosteuropäischen Staaten kommen. Von denen aus dem Mittleren Osten ganz zu schweigen. Das ist ein idealer Nährboden für solche Typen wie Haider. Noch sind seine antisemitischen Äußerungen in Watte verpackt, aber das kann genauso gut taktische Gründe haben. Und dann sind wir wieder dort, wo wir schon einmal waren …" Robert Macquire hatte länger und engagierter gesprochen, als David es erwartet hatte. Er, mit seiner Geschichte, mit seinem familiären Hintergrund, für ihn waren solche Schlussfolgerungen beinahe logisch – sein Großvater hatte ihm ja immer wieder geschildert, was sich damals in Österreich und dann generell in Europa an Grausamkeiten abgespielt hatte. Doch dass Macquire („… der ist sicher kein Jude …" schoss es David durch den Kopf) ebenfalls eine derartige Gefahr in einem lokalen Provinzpolitiker aus einem so kleinen Land wie Österreich sah, das erstaunte ihn jetzt doch. „Wir können natürlich noch abwarten, ein, zwei Jahre vielleicht, und beobachten, wie er sich entwickelt", riss Macquire David aus seinen Gedanken, „aber es kann genauso gut sein, dass er seine Netzwerke in der Zeit weiter ausbaut. Und auch politisch erfolgreicher wird. Dann stehen wir da und kommen vielleicht zu dem Schluss, dass es nun schon zu spät sei. Dass es dann gar nicht mehr so sehr auf seine Person ankommt, weil der Zug den Bahnhof schon verlassen hat." David warf ein, dass Haider im Spätherbst nach New York kommen würde, um am Marathon teilzunehmen. Bis dahin müssten sie eine Entscheidung treffen, doch sie kamen überein, noch ein oder zwei Vertrauenspersonen in die heikle Geschichte einzuweihen und mit ihnen die Sachlage zu besprechen. Weil aber die Vorbereitungen auf ein eventuelles Attentat viel Zeit in Anspruch nehmen würden, einigten sie sich darauf, sich in spätestens in drei Wochen wieder zu treffen.

„Was meinst du?", fragte Peter und blickte kurz zu David, der neben ihm auf Beifahrersitz saß, nachdem sie die Büros der CIA verlassen hatten. Sie waren wieder im Auto, fuhren auf dem Dolley Madison Boulevard zurück nach Washington. „Robert nimmt die Sache sicher ernst – im Moment sieht es meiner Ansicht nach eher so aus, als wäre er auf unserer Seite. Aber warten wir einmal ab."

Von: straggerst@aon.at
An: jasmin.koepperl@gmx.at

Das Essen auf der "Madeleine" konnte sich sehen lassen. Niko hatte schon vor der Abfahrt aus Poreč den Auftrag bekommen, alles einzukaufen, was man einem angesehenen Gast vorsetzen konnte. Geld spielte ohnehin keine Rolle, Bogdan Milotović, der Chef der kroatischen Reskro-Bank, hatte sich nicht lumpen lassen und ihm ein gelbes Kuvert mit einigen Hundert-Euro-Scheinen übergeben: "Nur das Beste, wir wollen schließlich nicht als Dritte-Welt-Land dastehen", hatte er mit einem Augenzwinkern zu Niko gesagt, der ihm freilich kaum ins Gesicht blicken konnte, so gewaltig war der Größenunterschied zwischen den beiden. Niko verstand etwas von feinen Speisen. Er hatte zwei Jahre auf der "Sea Cloud II" deutsche und skandinavische Firmenbosse bekocht, die es sich auf der exklusiven Segeljacht gutgehen ließen. Vor allem auch kulinarisch: Ihr exquisites Bordrestaurant hatte sich in Seefahrerkreisen herumgesprochen. Dazu kam, dass der riesige Zweimaster fast lautlos durch die schönsten Gewässer des Atlantiks kreuzte. Niko hatte das zwar sehr genossen, doch bald erkannt, dass er nicht ewig in einer schwankenden Küche stehen wollte und kaum etwas von den Annehmlichkeiten einer Seereise hatte. In Kroatien, wohin er 2004 zurückgekehrt war, war er nur tageweise auf der „Madeleine" und verdiente dennoch gutes Geld, gezahlt wurde schließlich fast immer in Euro.

„Amuse bouche – Gebratene Steingarnele an Seegrassalat und geschmolzener Kirschtomate": Das hörte sich nicht nur gut an, das schmeckte den Gästen auch ganz offensichtlich. Als Niko aus der Bordküche kam, um nachzuschenken (es gab auch immer österreichische Weißweine an Bord, die Rotweine kamen teils aus Kroatien, teils aus Italien), waren die Teller schon leer – Sonne, das Meer und die trockene Salzluft hatten bei den Passagieren für Appetit gesorgt. Jörg Haider, braun-

gebrannt, im blauen Poloshirt und der knallgelben Hose, sah eher aus wie ein gut betuchter Tourist am Ende eines entspannenden Sommerurlaubs als wie ein Kärntner Provinzpolitiker, der geschäftliche Interessen verfolgte. Oder besser: der sich die Wünsche seiner Gesprächspartner anhören wollte. Während Niko mit dem Nachschenken und dem Abräumen der Vorspeisen beschäftigt war, sprachen sie freilich nur über Banales: „Ja, in Bad Kleinkirchheim, als Kärntner Landeshauptmann muss ich ja so tun, als gäbe es nichts Schöneres als die Skipisten im eigenen Land", sagte Haider mit einem verschmitzten Lächeln und beantwortete damit die Frage nach seinen Winterbeschäftigungen. „Aber im Ernst: Auch die Kroaten und – wenn ich das hier sagen darf, hahaha, auch die Slowenen – kommen gern nach Kleinkirchheim, schließlich finden sie dort nicht nur Pisten, sondern auch herrlich warmes und gesundes Thermalwasser." Haider war zufrieden, dass es ihm gelungen war, ohne Not auch diese Werbeeinschaltung einzubringen. Er wusste genau, wie sehr der Kärntner Tourismus seit den Siebziger- und Achtzigerjahren an Attraktivität verloren hatte und dass er, als oberster Boss, alles unternehmen musste, um diese wichtige Einnahmequelle wieder zum Sprudeln zu bringen.

Als Niko gegangen war, wandte sich die kleine Runde wieder dem eigentlichen Thema zu. „Von welcher Summe sprechen wir denn?", fragte Haider und wandte sich an Marko Batović, der als Kabinettchef des Ministerpräsidenten in dieser kleinen Runde quasi den Staat vertrat. „Wir haben das noch nicht ganz durchgerechnet", antwortete Batović und blickte dabei über die Reling aufs offene Meer, als könnten ihm die Wellen die notwendige Eingebung verschaffen. „Aber über den Daumen gepeilt, ich glaube, mehrere hundert Millionen Euro werden es sicher sein, vielleicht eine halbe Milliarde." Mit keiner Miene ließ sich Haider anmerken, dass diese Summe gut zehn Mal so hoch war wie die, die er sich ursprünglich erwartet hatte. Ein neuer

Hafen sollte entstehen, dazu mehrere Gebäude mit Luxusappartements, die alle Stücke spielen sollten (Batović sprach sogar von einem „Concierge-Service" – Haider machte sich eine gedankliche Notiz, er musste zuhause unbedingt nachsehen, was „Concierge" bedeutet –, ein Panorama-Restaurant – in seinem kleinen Land rechnete man einfach in anderen Dimensionen. Nicht einmal das Schlosshotel in Velden ... ah, wie ein Gedankenblitz schoss es ihm durch den Kopf, vielleicht ließe sich da auch etwas unternehmen ... „Eine halbe Milliarde, das klingt vernünftig. Aber ich kann Ihnen natürlich jetzt nicht endgültig zusagen, ich muss mich da mit den Vorständen der Vier-Länder-Bank ins Einvernehmen setzen, Sie verstehen ..." Und nach einer kleinen Pause, in der er kurz nachdachte, ob das zu seinem Vor- oder Nachteil verstanden werde würde, gab er sich einen Ruck und fügte hinzu: „Aber die machen ja ohnehin, was ich ihnen vorschreibe ..." Und alle drei Passagiere brachen in lautes Gelächter aus.

Nach dem nächsten Gang, einer „Terrine von einem istrischen Schwarzfederhuhn mit kleinem Salatbouquet in Preiselbeerdressing", und nachdem sich das Gespräch kurzfristig in völlig anderen Bahnen bewegte (irgendwie war der Name des amerikanischen Präsidenten George W. Bush aufgetaucht und der gab genug Anlass für Diskussionen, auch wenn sie in diesem Kreis nicht wirklich kontroversiell verliefen), kam Marko Batović wieder auf das Hauptthema zurück. „Vielleicht kann ich Ihnen die Entscheidung etwas erleichtern, Herr Landeshauptmann." Und Batović lehnte sich weit über den Tisch, blickte nach rechts und nach links und sagte dann in ganz leisem Ton, der vom Motorengeräusch aus dem Bauch der „Madeleine", dem Aufschlag des Schiffes auf den Wellen und dem Wind beinahe übertönt wurde: „Ganz leer sollen Sie dabei ja auch nicht ausgehen. Bei so einer hohen Summe würde natürlich für Sie und – das werden Sie verstehen – auch für uns etwas abfallen. Eine Million sollte da schon drinnen sein. Je eine Million, natürlich."

Franz Bugelnik beschloss, noch einmal in das Haus von Stefan Stragger zu gehen – irgendetwas musste doch dort zu finden sein, das Aufschluss über das Verschwinden des HNA-Mitarbeiters geben würde. In der Zwischenzeit hatte er auch das OK Kropfitschs erhalten: Die Leiche konnte abtransportiert werden und die Kriminalisten durften das Haus wieder betreten. Bugelnik wunderte sich (nicht zuletzt über sich selbst), wie es möglich war, dass das Heeresnachrichtenamt diese übergeordnete Position einnehmen konnte. Es muss wohl an der absoluten Geheimhaltung liegen, dachte er, er konnte sich nicht erinnern, wann er das letzte Mal etwas in den Medien über diesen Heeres-Geheimdienst gelesen, geschweige denn gesehen hatte. Bugelnik hatte in den vergangenen Stunden Material über das Amt gesammelt, vor allem im Internet nachgelesen, doch auch dort fand er mehr Historisches als irgendetwas, das ihm heute weiterhelfen würde.

Als er bei Stefan Straggers Haus ankam, hatte er den Eindruck, als sei wieder Normalität hergestellt: Die gelben Klebebänder an den Türen waren verschwunden, und noch bevor er ausstieg, sah er sich vorsichtig um: Nichts war da, was ihm verdächtig schien. Nur hinter einem Fenster im Nachbarhaus bewegte sich kurz ein Vorhang. Bugelnik schmunzelte, das musste Frau Schindler sein, die konnte ganz offensichtlich ihre Neugierde nicht zügeln. Er stieg aus, ging zum Eingang und schloss die Tür auf – Jasmin hatte ihm im Restaurant ihren Schlüssel übergeben. Bugelnik blieb im Vorraum stehen und drehte den Kopf von einer Seite zur anderen: Die drei Türen kannte er schon von seinen letzten Besuchen, Wohnzimmer, Büro, Küche. Wo sollte er beginnen, wonach suchte er überhaupt? Er verließ sich auf seinen kriminalistischen Spürsinn, und bevor er einen weiteren Schritt machte, dachte er angestrengt nach. „Irgendetwas muss es hier geben, das Kropfitsch und seine Leute gesucht haben", überlegte Bugelnik. Stefan Stragger war einer von ihnen, er musste genau wissen, dass er, wenn er ein Geheimnis verbergen wollte, dieses so klug verstecken musste, dass niemand auf die Idee kam, es gerade dort zu suchen. Bugelnik war ziemlich sicher, dass er jedenfalls nicht nach einem Aktenordner suchen musste – die Zeit, in der jemand wirklich geheime Unterlagen in Papierform hinterlassen würde, waren wohl endgültig vorbei – nein, er musste nach einer Art elektronischer Speicherkarte Ausschau halten – entweder war dort ein Text gespeichert, etwas, das Stefan Stragger über irgendjemanden verfasst hatte, oder es waren Fotos, mit denen er eventuell jemanden erpressen konnte. Frauengeschichten, Bordelle, Homosexualität – alles war möglich.

Bugelnik entschied sich, erst in die Küche zu gehen. Ja, sicher, die Bücher, die er im Büro gesehen hatte, würden sich auch gut als Versteck eignen, so eine daumengroße Karte könnte man ganz leicht im Karton eines Buchumschlages unterbringen. Wenn man noch dazu vorher eine quadratzentimeterkleine Fläche mit einer Rasierklinge ausschneidet, die Speicherkarte hineinlegt und eine Buchseite darüber klebt, würde man von außen nichts bemerken. Doch Bugelnik erschien das zu naheliegend. Nein, er war sich sicher, dass er in der Küche fündig werden würde.

Zum Glück, das war der erste Eindruck, den der Kommissar hatte, zum Glück war Stragger ein ungewöhnlich ordnungsliebender Hausherr. In jedem Oberschrank war alles so eingeräumt, als wäre das eine dieser Vorzeige-Küchen, wie er sie kürzlich gemeinsam mit seiner Frau im Möbelhaus Rutar besichtigt hatte. Die Gläser glänzten, die Schalen und Teller standen nach Form und Farbe geordnet in einer Reihe, nichts, absolut nichts machte den Eindruck, als könnte hier etwas verborgen sein.

In den Schubladen sah es kaum schlechter aus, freilich, die Möglichkeiten, hier etwas zu verstecken, waren hundertmal vielfältiger. Mehl, Salz, Zucker, alles war fein säuberlich in Glasgefäße gefüllt, die Versuchung war groß, jedes einzelne Gefäß aufzumachen und den Inhalt auf den Tisch zu leeren, um herauszufinden, ob Stefan Stragger dort …, nein, später. Nudeln, Reis und alle Gewürze – wie kann man nur so ordentlich sein, dachte Bugelnik. Nächste Lade: Töpfe, Pfannen, Siebe, Käsereibe, wohl kaum ein Ort, wo sich etwas Elektronisches verstecken ließe. Es war aussichtslos.

Bugelnik setzte sich an den Küchentisch, er wusste, dass er nur einen geringen Prozentsatz jener Arbeit hinter sich hatte, die vielleicht – vielleicht – zum Ziel führen würde. Wieder blickte er sich um. Eine Küchenuhr tickte leise vor sich hin, der Kühlschrank rumpelte gerade wieder in die Ruhephase, die Tür des Geschirrspülers war leicht geöffnet. Bugelnik erschien es ziemlich unwahrscheinlich, dennoch stand er auf, ging zur Wand und hob die Uhr (darauf stand: „Ascot" und „funkgesteuert") vom Haken, legte sie, Ziffernblatt nach unten, auf den Tisch. Nichts kam ihm verdächtig vor: Das Plastikgehäuse war schwarz, nur die Batterie leuchtete blau-silbern mit einem kleinen gelben Streifen. „Quartz" stand da zu lesen, und „radio controlled", darüber war ein großer Stumpf mit der typischen Öffnung für den Nagel, auf dem die Uhr an der Wand hing. Bugelnik blickte hinein und zu seiner großen Überraschung glaubte er drinnen einen Fremdkörper zu entdecken. Etwas kleines, Schwarzes, kaum zu Erkennendes. Er nahm aus seinem Schweizermesser, das er immer bei sich trug, die kleine Pinzette heraus und fuhr damit in die Aufhängeöffnung der Uhr. Er drückte die beiden Blechteilchen der Pinzette zusammen, und als er das Gefühl hatte, das kleine schwarze Ding gefangen zu haben, zog er sie wieder heraus: Tatsächlich hatte er eine Minispeicherkarte herausgefischt, kleiner, als er je eine gesehen hatte, aber, dachte sich Bugelnik, Stragger ist schließlich beim HNA, die werden schon mit den aktuellsten Gadgets operieren. Viel anzufangen wusste Bugelnik mit dem winzigen Ding freilich nicht: Er las „SanDisk 8 GB" und „Micro SDHC" – ihm war klar, dass er zuhause keine Möglichkeit haben würde nachzusehen, was auf der Speicherkarte drauf war. Er könnte seinen Sohn Herbert bitten, der hatte alle Geräte, mit deren Hilfe man sicher auch so eine Speicherkarte ablesen konnte, doch dann würde er Herbert noch weiter in seine Arbeit hineinziehen. Nein, ich fürchte, überlegte Bugelnik, ich muss jemanden in meinem Amt bitten, die Karte auszuwerten, oder noch besser, sie sollen mir einfach ein Gerät ins Büro stellen, damit ich mir dort ungestört den Inhalt ansehen kann. Bugelnik griff in die Hosentasche, nahm sein Brillenputztuch heraus, das er immer mit sich trug, und wickelte das Ding ganz vorsichtig damit ein. Dann überzeugte sich der Kommissar noch einmal, dass er auch alles wieder an seinen gewohnten Ort gestellt hatte, und verließ das Haus.

Im Polizeikommissariat stieß Bugelniks Ersuchen, ihm ein Kartenlesegerät zur Verfügung zu stellen, mit dem auch eine „Micro SDHC" abgelesen werden konnte, auf Kopfschütteln. Die meisten hatten noch nie von einer derartigen Karte gehört, und als sie Bugelnik aus seinem Brillenputztuch auswickelte und vorzeigte, war das Unverständnis noch größer. So etwas Kleines hatten sie noch nie gesehen. Doch dann tauchte ein Mitarbeiter auf (Bugelnik hatte den Eindruck, der Mann sei direkt von der Ausbildung ins Kommissariat übersiedelt, so jung wirkte er), der glaubte, eine Lösung anbieten zu können: Er hatte ein Smartphone, das – wenn er sich richtig erinnerte, er hatte zufällig beim Erwerb des Geräts dem

Verkäufer über die Schulter geschaut – einen Slot für eine derartige Karte hatte. „Wir können sie austauschen, dann stecken wir das Handy an das USB-Kabel am Computer an und die Speicherkarte sollte dann am Bildschirm aufscheinen." Der Mann, er hatte sich als Gregor Hoinig vorgestellt, entschuldigte sich für eine Minute, um aus seinem Zimmer das entsprechende Kabel zu holen. Franz Bugelnik war erleichtert, zugleich stand er freilich vor einem Dilemma: Wie sollte er den Kollegen, den er kaum kannte, davon überzeugen, dass er ihm jetzt sein Handy übergeben sollte, dann aber nicht dabei bleiben durfte, wenn es um die Auswertung der Daten ging? Als er zurückkam, nahm er den jungen Mitarbeiter zu sich ins Büro und bat ihn, die Karten auszuwechseln. Hoinig nahm sein Handy aus der Hosentasche, drehte den Bildschirm nach unten und hatte in wenigen Sekunden seine Speicherkarte gegen die ausgetauscht, die ihm Bugelnik übergeben hatte. „Herr Hoinig, würden Sie mir Ihr Handy jetzt da lassen? Sie werden sicher Verständnis haben, aber ich muss mir das allein ansehen. Darf ich Sie anrufen, wenn ich damit fertig bin?" Hoinig blickte ihn kurz ungläubig an, doch dann gab er sein Einverständnis, was blieb dem jungen Mann auch anderes übrig.

Von: straggerst@aon.at
An: jasmin.koepperl@gmx.at
Sie saßen beim Abendessen. Eleanor hatte bei „Lin Tao" angerufen, dem Chinesen, der nicht nur rasch lieferte, seine Speisen schmeckten auch allen dreien am besten. Auf dem Tisch standen noch die braunen Papiertüten, aus denen sie gerade die weißen Kartonagen mit den verschiedenen Gerichten herausgenommen hatten. Drei Portionen Reis, für Ross ein Päckchen Hühnerfleisch mit gemischtem Gemüse, David hatte, wie immer, Rindfleisch mit Broccoli bestellt, während sich Eleanor

an Muscheln in Knoblauchsauce heranwagte. Kaum waren die Portionen herumgereicht und die Stäbchen verteilt, läutete ein Telefon. Ross war schon dabei aufzustehen, er legte ohnehin keinen großen Wert auf dieses familiäre Beisammensein. Außerdem wartete er gespannt auf den Anruf von Sally. Sie ging eine Klasse unter ihm zur Schule und hatte angedeutet, dass sie bereit wäre, sich mit ihm am Wochenende auf ein „date" zu treffen. Doch nach dem ersten Klingelton war klar, es war das Handy seines Vaters. Dieser blickte kurz zu Eleanor, so als wollte er sich entschuldigen, sah an der Nummer, dass es Peter war und verließ den Raum. Seit dem letzten Treffen mit Peter und Robert Macquire waren schon drei Wochen vergangen, er hatte sich gewundert, warum sie die Entscheidung so lange hinauszögerten. Einmal hatte ihn Peter zwischendurch kontaktiert und ihm mitgeteilt, Robert sei mit einem Vertreter des Jüdischen Weltkongresses zusammengekommen, der erst kürzlich von einem längeren Europa-Aufenthalt in die USA zurückgekehrt war. Martin Weisenberg – oder hieß er Meisenberg, David war sich nicht sicher – hatte auf einer Fact-finding-Mission Deutschland, Österreich, die Slowakei und Tschechien besucht, um sich ein Bild von den rechten Parteien in diesen Ländern zu machen. Nach all dem, was er dort in Erfahrung gebracht und selbst miterlebt hatte, sei der Österreicher Jörg Haider jedenfalls die Person gewesen, die ihn am meisten beeindruckt hatte. Er hatte ihn zwar nicht persönlich getroffen, doch nach all den Schilderungen seiner Gesprächspartner habe niemand in den vier Staaten so viel Charisma und auch so viel politisches Geschick gezeigt wie der relativ junge österreichische Politiker. Auch in den Nachbarländern, so erfuhr er dort von seinen Kontaktleuten, habe man in den rechten Gruppierungen mit Hochachtung von Haider gesprochen – wenn es jemanden gäbe, der als Führungspersönlichkeit der europäischen Rechten in Frage käme, dann sei dies der Kärntner Landeshauptmann.

Nachdem David die Tür zu seinem Büro geschlossen hatte, berichtete ihm Peter von seinem Gespräch mit Robert Macquire. Dieser habe ihn am späten Nachmittag in sein Büro bestellt und mit ihm die Pros und Kontras ihres Plans besprochen. Auch Robert war klar, dass nicht unbedingt Gefahr im Verzug herrsche, doch schon einmal habe man in der europäischen Geschichte den Anfängen nicht gewehrt und alle wüssten, was danach und daraus entstanden sei. Dennoch habe sich die Agentur entschieden, zumindest derzeit nicht einzugreifen. „Hast du ihm gesagt, dass das die große Chance ist, wenn wir hier auf eigenem Boden zuschlagen – wer weiß, wie oft er überhaupt noch die USA besucht?" „Wir haben alles durchdiskutiert, aber die Entscheidung ist unverrückbar. Robert hat mir auch versprochen, sie würden seine Reden und Handlungen ab jetzt noch genauer unter die Lupe nehmen. Aber, das hat er wörtlich gesagt, wir leben jetzt nicht mehr in der Zeit des Kalten Kriegs, wo wir in Afrika und Südamerika Stellvertreterkriege geführt und Commandantes aus dem Weg geräumt haben, als wären sie Ungeziefer gewesen." David hörte ungläubig zu – Nicaragua kam ihm in den Sinn, wo die CIA mit dem Geld, das aus Waffenverkäufen an den Iran lukriert wurde, die Contras unterstützte und das Blutvergießen jahrelang mitfinanzierte. „Peter, ich bin gerade beim Abendessen, ich bin mit der Entscheidung zwar nicht einverstanden, aber ich muss sie akzeptieren. Treffen wir uns in den nächsten Tagen und besprechen wir das noch einmal."

„Wer war das?" Ross wusste genau, sein Vater würde diese Frage nicht beantworten, aber er liebte es, ihn herauszufordern, ja geradezu zu provozieren. In Ross' Klasse wussten alle, dass David Krimnick beim FBI tätig war, dafür hatte Ross gesorgt, schließlich war er stolz auf ihn, doch immer, wenn es um konkrete Einzelheiten ging, war sein Vater verschlossen wie eine Auster. „Ein Kollege" war alles, was aus ihm herauszubekom-

men war, und selbst das entsprach nicht ganz der Wahrheit, schließlich waren FBI und CIA nur auf ganz wenigen Ebenen miteinander „verwandt". Eleanor blickte ihn ebenso fragend an, aber da hatte David schon seine Augen gesenkt, stammelte so etwas wie eine Entschuldigung, dass er das Abendessen verlassen hatte müssen und konzentrierte sich, so gut es nach diesem Gespräch ging, auf sein Rindfleisch mit Broccoli.

Bugelnik suchte an seinem Computer den USB-Stecker, er wusste gar nicht mehr, wann er das letzte Mal irgendein Zusatzgerät angeschlossen hatte. Da fiel ihm ein, dass er vor einiger Zeit den Stecker hinten am Gerät entdeckt hatte. Noch ehe er seinen Rücken mühsam zusammenkrümmte, um sich unter und hinter den Schreibtisch zu zwängen, fluchte er schon. Einerseits, weil seinem Körper jede Elastizität verlorengegangen war, seit er keinen Sport mehr betrieb, und andererseits, weil er wusste, dass er an der dunklen Seite des Computers minutenlang nach dem USB-Stecker suchen würde. Doch es gab keine Alternative. Also verließ er genauso ächzend diesen unbequemen Platz wieder, holte aus seiner Schreibtischlade seine Taschenlampe und kroch ein weiteres Mal zur Rückseite des Computers. Schneller als erwartet, offenbar weil in seinem Hirn noch ein Rest an Erinnerung an das vorige Mal geblieben war und die Lampe für entsprechendes Licht sorgte, schaffte er es schließlich.

Als er sich endlich wieder aufgerichtet hatte, tauchte bereits das entsprechende Icon am Bildschirm auf. Ein Doppelklick und vor ihm erschien eine Liste an „DSC000", was selbst ihm als Computerbanausen klar machte, dass es sich um Fotos handeln musste. Bevor er noch das oberste anklickte, lehnte er sich in seinem Stuhl zurück und überlegte: Ich hoffe, dachte Bugelnik, es sind keine Kinderpornos – das ist das letzte, womit ich mich jetzt auseinandersetzen möchte. Da wäre mir noch lieber, wenn es in flagranti aufgenommene Fotos irgendwelcher Sexszenen irgendwelcher Politiker sind, oder vielleicht sieht man, wie irgendein Kärntner Politiker ein gelbes Kuvert übernimmt und er das Geld, das sich darin befindet, direkt vor dem Mittelsmann zählt … ach, egal. Bugelnik klickte zweimal auf die Maustaste und vor ihm öffnete sich – ein Dokument: eine ganze Seite, ziemlich eng beschrieben, offensichtlich ein Reisebericht: „Berlin Tempelhof" war da beim ersten Überfliegen zu lesen, „Taxi", „Mecklenburg-Vorpommern". So geht das nicht, dachte Bugelnik und beschloss, das Dokument auszudrucken. Danach ging er auch bei den anderen Fotos nach der gleichen Methode vor: Er warf einen schnellen Blick darauf, und wenn er glaubte, es könnte für ihn interessant werden, gab er das Kommando „Drucken" und mit einem Surren setzte sich der Drucker in Gang. Nachdem alles in Papierform vorlag, blickte er auf die letzte Seite … doch das war kein Schriftstück, es war ein Foto: von einem Arbeitszimmer. Im Vordergrund sah er einen Schreibtisch, darauf lagen Papiere, zumindest eines erkannte er als jenes wieder, das er gerade ausgedruckt hatte, daneben stand ein Computer mit eingeschaltetem Bildschirm. Und dann fiel ihm noch etwas auf. Auf dem Schreibtisch war deutlich ein Familienfoto zu sehen, aber er konnte die Gesichter der vier Personen nicht identifizieren, sie waren einfach zu klein. Er blickte auf den Computer Bildschirm, dort war das gleiche Foto zu sehen, er legte den Cursor auf „Zoom in" und klickte zwei- oder dreimal. Und da fiel es ihm wie Schuppen von den Augen: Das war die Familie Kropfitsch, Georg, seine Frau Margarethe und die Kinder, deren Namen ihm jetzt nicht einfielen. Stefan Stragger – Bugelnik war hundertprozentig überzeugt, dass nur Stefan Stragger die Fotos gemacht haben konnte – wollte damit beweisen, dass die Papiere tatsächlich vom Schreibtisch seines HNA-Kollegen stammten.

Der Kommissar mühte sich wieder unter den Schreibtisch, zog das Kabel aus dem Stecker und rief den Kollegen Hoinig an, um ihm mitzuteilen, dass er sein Handy wieder haben könne. Das wartete Bugelnik noch ab, bevor er die Schriftstücke genauer unter die Lupe nahm.

Von: straggerst@aon.at
An: jasmin.koepperl@gmx.at
Jakov Scherenbaum war zurück nach Jerusalem gefahren, wo er in der Ben Azzai eine kleine Werkstätte hatte. Sie lag in einem Hinterhof, war nicht größer als vier mal vier Meter, die Tische waren voll mit Glasgerätschaften und Eprouvetten, Gummischläuche zogen sich von Gasflaschen, die zu dritt in einer Reihe am Boden standen, hinauf zu Bunsenbrennern, die hellblau flackerten. An der Wand hing das obligate Plakat vom „Periodischen System der Elemente". Zwei Studentinnen, Aviva und Esther, hielten gerade abwechselnd zwei Erlenmeyerkolben, die wie Blumenvasen aussahen, über die Flammen. Die grellrote Flüssigkeit kochte bereits, Luftbläschen stiegen rasch nach oben, der eigentümliche Geruch machte sich in dem Raum, in dem es ohnehin nach Chemikalien stank, nicht sonderlich bemerkbar.

Mit einem strahlenden Gesicht verkündete Jakov: „Wir haben einen neuen Auftrag!" Dann schilderte er, ohne genauer auf die Auftraggeber einzugehen, das Projekt. Es unterschied sich ohnehin nicht sehr von dem, an dem sie schon länger, aber auch erfolgreich, gearbeitet hatten. Die Chemikalien für eine kleine Sprengung, die nicht zu entdecken sein sollte, lagen alle irgendwo in den Schubladen und Metallschränken. Das viel Schwierigere an dem neuen Auftrag war, jenen Metallteil so nachzubauen, dass er in das Lenkgestänge eines VW Phaeton passen würde. Als ihm Avner Fohlt, Yossi Galem und Rachel Hagev erzählt hatten, dass der Wagen, für den die Explosion gedacht war, ein Phaeton sei, musste er innerlich auflachen – er hatte sich nicht erklären können, warum man ihm als Codewort ausgerechnet dieses Wort gegeben hatte. Er wusste zwar noch aus seinem Schulunterricht, dass Phaeton ein Sohn des griechischen Gottes Helios war, doch weil er neugierig geworden war, was dahinter stecken könnte, hatte er das Internet zu

Hilfe genommen. Dort fand er heraus, dass Phaeton mit dem Viergespann seines Vaters auf die Sonne zugerast war und dabei sein Gefährt außer Kontrolle geriet. Ovid schrieb darüber: „Die Erde geht in Flammen auf, die höchsten Gipfel zuerst ... die große Feuersbrunst verwandelt ganze Völker zu Asche." Das passt hervorragend, dachte Jakov, doch er hatte keine Ahnung, ob es nun tatsächlich einen Zusammenhang zwischen dem Namen des Volkswagens und dem Fahrer gab, der darin zu Tode kommen würde.

Die schwierigste Aufgabe, die Jakov zu lösen hatte, war, eine detailreiche Zeichnung des Lenkgetriebes dieses Phaeton zu bekommen, vom Lenkrad bis hin zu den Schubstangen. Erst wenn er jeden Zentimeter auf maßstabgetreuen Plänen nachvollziehen konnte, würde er in der Lage sein, seinen manipulierten Metallteil anzufertigen und dann später einzubauen. Er öffnete seinen Laptop und durchsuchte das Internet nach Zeichnungen, die für ihn in Frage kämen. Aber die Autofirmen ließen sich nicht so leicht in die Karten blicken: Betriebsspionage – vor allem aus China –, das wusste auch Jakov, war zu einem derart großen Problem geworden, dass man es den Konkurrenten nicht zu leicht machen wollte. Jakov war rasch klar, dass es nur eine Alternative gab. Er musste zu einem Volkswagen-Händler und ihn überreden, ihm so einen Plan zu überlassen.

Jakov stieß gegen eine Wand. So viele VW-Händler gab es in Jerusalem ohnehin nicht, aber die drei, die er besuchte, lehnten sein Ansinnen kurzerhand ab. Sie ließen sich auch auf keine Diskussion ein, schon nach wenigen Minuten war er wieder vor der Tür. Jakov überlegte: Auf diese Art werde ich es wahrscheinlich nicht schaffen, denn das Argument war überall das gleiche: Wir können Reparaturanleitungen nicht aus der Hand geben; wenn sich jemand selbst am Wagen zu schaffen macht, werden trotzdem wir zur Verantwortung gezogen, wenn danach etwas mit den Fahrzeug passiert. Jakov erschien das ohnehin nicht unlogisch, doch ohne Anleitung sah er keine Chance, das "Ersatz-Teil" herzustellen. Er wusste, da ging es um millimetergenaue Arbeit, mit irgendeinem Pfusch würde er nicht reüssieren.

Nachdem er noch am Abend mit Yossi Galem telefoniert hatte und ihm erstens von den Schwierigkeiten und zweitens von einer möglichen Lösung erzählt hatte, die aber Geld koste ("Keine Unsummen, aber es muss doch so viel sein, dass der auch nachgibt …"), setzte er sich am nächsten Tag auf die Lauer. Am späten Nachmittag wartete er in der Nähe einer Volkswagen-Werkstatt, die er gestern besucht hatte, bis die Arbeiter ihre Schicht beendet hatten. Jetzt war eine ziemliche Portion Glück notwendig: Jakov sah sich jeden der Männer, die durch die Tür kamen, genau an, ließ die ersten drei an sich vorübergehen und entschloss sich für den vierten: Der war schon etwas älter, man konnte davon ausgehen, dass er ein paar Kinder zu füttern hatte und dass das Geld bei ihm – obwohl er einer regelmäßigen Arbeit nachging – immer knapp war. Der Mann ging zur Busstation, doch nach ein paar Minuten vergeblichen Wartens entschied er sich offenbar, den Weg zu Fuß fortzusetzen. Jakov verfolgte ihn mit Respektabstand; nur drei Gassen später kehrte der Mann in einer Bar ein. Kurz danach stand Jakov neben ihm, bestellte ein Glas Kudler-Bier und sprach ihn an: "Heiß heute, nicht?" Der Mann schien nicht sehr gesprächig zu sein, er nickte nur kurz mit dem Kopf. Jakov gab nicht auf. Er erfand eine Geschichte, von der er ziemlich sicher war, dass sie Anklang finden würde: Er erzählte von einem vereitelten Attentat, das er heute früh miterlebt hatte (in Wahrheit hatte er davon in den Radionachrichten erfahren), und tatsächlich zeigte der Mann sofort Interesse. Rasch hatten sie sich vorgestellt ("Sagen Sie einfach Mordechai zu mir"), und so ging eins ins andere. Er hatte tatsächlich drei Kinder, erzählte von seiner Frau, die ständig an ihm herumnörgelte und sich beschwerte, dass er zu wenig Geld nach Hause brachte. Eine halbe Stunde später hatte Jakov Mordechai so weit: Gegen entsprechendes Bargeld würde er ihm die Reparaturanleitung eines Phaeton verschaffen – morgen um etwa die gleiche Zeit würden sie sich wieder in dieser Bar treffen.

Jasmins Körper verlangte nach frischer Luft. Sie beschloss, den Rückweg vom Restaurant zu Fuß zu gehen, eine halbe Stunde würde sie auch mit nur einem Teller Suppe im Bauch schaffen. Sie spazierte über den Alten Platz, hinter ihr ging wieder ein Mann, doch der war deutlich jünger als ihr erster Verfolger, den sie trotz seines auffälligen Trachtenhuts nicht wirklich wahrgenommen hatte. Jedes Mal, wenn sie sich in einem Schaufenster die neue Herbst-Kollektion ansah oder die neueste chinesische Importware, die Tchibo um billiges Geld vertrieb, blieb auch der Mann im hellbraunen Mantel stehen, so unverdächtig, wie es nur Personen mit detektivischen Interessen tun.

Als sie etwa in der Mitte der Bahnhofstraße war, entschloss sie sich spontan, in die Redaktion zu gehen und mit Herbert Katterer, ihrem Chefredakteur, zu sprechen. Sie hatte ihm versprochen, er würde der erste sein, dem sie die Geschichte erzählte, wenn es einmal so weit wäre. Er war in seinem Büro, das einzige, das nicht im Großraum lag. Auch wenn er durch seine Glaswände alles – zumindest optisch – mitverfolgen konnte, gab es bei ihm doch so etwas wie eine Privatsphäre. Jasmin bat ihn um strengste Geheimhaltung, die er ihr zusicherte, und legte dann los: Sie erzählte von Stefans Verschwinden, von der Leiche in der Garage, von ihrer eigenen Entführung und der überraschenden Freilassung, vom Kriminalkommissar, der den Fall untersuchte, und den langen E-Mails, die ständig in ihrem Postfach landeten und als deren Urheber sie nur Stefan vermuten konnte. Instinktiv

– er konnte eine gute Story riechen, auch wenn sie noch meilenweit entfernt war – dachte Katterer: „Wow, wenn wir darüber schreiben könnten, würde unsere Zeitung neue Auflagenhöhen erreichen", aber er sah Jasmin in die Augen und sagte in dem unvergleichlich sachten Ton, den sie so an ihm schätzte: „Stillschweigen, natürlich. Und du bestimmst, wenn einmal etwas an die Öffentlichkeit gehen soll oder kann. Von mir erfährt jedenfalls niemand etwas, kein Wort. Kann ich irgendetwas für dich tun, Jasmin?"

Sie war unterdessen schon wieder aufgestanden und hatte die Türklinke in der Hand. „Nein, eigentlich nicht", sagte sie, doch dann fiel ihr doch etwas ein: „Sag, Herbert, kennst du eigentlich den Kropfitsch, mit dem Stefan im HNA arbeitet?" Herbert überlegte kurz, was er ihr sagen konnte, und entschied sich dann für Vertrauen gegen Vertrauen. Er deutete auf den Stuhl, von dem sich Jasmin gerade erhoben hatte, sie kam zurück, setzte sich und Katterer erzählte ihr, dass er in den vergangenen Monaten Seltsames über Kropfitsch erfahren hatte. Ein Unbekannter habe ihm in einem Schreiben mitgeteilt, Kropfitsch sei ein enger Verbündeter des Landeshauptmanns gewesen, sein Verbindungsmann zu den Rechts-Außen. Wenn Haider selbst keine Kontakte knüpfen wollte, weil ihm die Sache zu heiß gewesen war, dann habe er Kropfitsch an die Front geschickt.

Worum es dabei konkret gegangen sei, wisse er noch nicht, politisch sei es ja mittlerweile ziemlich irrelevant, nachdem Haider tot sei. „Unabhängig davon", fügte Katterer hinzu, „dass es natürlich bedenklich ist, wenn ein Geheimdienstmitarbeiter des Bundesheeres mit dem Obmann einer – wie soll ich sagen – eher rechtsgerichteten Partei so eng zusammenarbeitet. Das ist jedenfalls nicht seine Aufgabe, das macht ihn für diesen Job untauglich -- schließlich ist es wichtig, dass Geheimdienstleute politisch eine weiße Weste haben. So etwas ist absolut disqualifizierend. Auch wenn diese Zusammenarbeit jetzt schon einige Zeit her ist."

Von: straggerst@aon.at
An: jasmin.koepperl@gmx.at
Am nächsten Tag stand Jakov wieder an der Bar. Er blickte auf die Uhr, es war knapp vor 18 Uhr, Mordechai hatte schon eine halbe Stunde Verspätung. Jakov bestellte ein weiteres Bier, während er den Eingang im Auge behielt. Durch die offene Tür sah er Dutzende Menschen vorbeigehen, sie wirkten wie Schattenrisse, die sich gegen die tief stehende Sonne abzeichneten. Manchmal gelang es ihm, sich den Körper der einen oder anderen jungen Frau ohne verhüllende Kleidung vorzustellen, obwohl diese Passantinnen nicht mehr als eine Sekunde lang von seinen Augennerven ausgehend den emotionalen Teil seines Gehirns beschäftigten.

Jakov schaute erneut auf seine Armbanduhr, wieder waren fünf Minuten vergangen, er war knapp daran aufzugeben. Da spürte er plötzlich eine Hand auf seiner Schulter. Er zuckte zusammen, es war tatsächlich Mordechai. Er musste gerade in dem Augenblick ins Lokal gekommen sein, als er auf die Uhr geblickt hatte. Sie begrüßten einander fast wie alte Freunde. „Willst du auch ein Bier?", fragte Jakov, er wollte nicht mit der Tür ins Haus fallen, auch wenn er darauf brannte herauszufinden, ob der Mechaniker das Reparaturbuch mitgebracht hatte. Mordechai nickte, fragte aber gleichzeitig: „Können wir uns setzen? Ich habe den ganzen Tag schwer gearbeitet." Sie gingen an den benachbarten Tisch, Jakov fiel erst jetzt auf, dass der Raum leer war, so sehr hatte er sich auf die Eingangstür konzentriert. Sie sprachen über Politik, zu seinem Erstaunen war Mordechai ziemlich genau informiert – vor allem hatte er auch mitbekommen, dass am Tag zuvor ganze Berge von Dokumenten im Rathaus von Jerusalem beschlagnahmt worden waren.

Sie standen im Zusammenhang mit einem Bestechungsskandal, in den niemand Geringerer als der frühere Bürgermeister und derzeitige Ministerpräsident Ehud Olmert verwickelt worden sein soll. „Sie sind doch alle Gauner, unsere Politiker", sagte Mordechai mit einer Verachtung, die weit über das hinausging, was man vom Durchschnitts-Israeli gewohnt war. Jakov wollte irgendetwas zur Verteidigung der Repräsentanten des Staates vorbringen, doch es fiel ihm nichts Passendes ein. So wechselte er das Thema: „Apropos Gauner", sagte er mit einem breiten Grinsen, „hast du mir die Mappe mitgebracht?" „Apropos Gauner", erwiderte Mordechai, „wir müssen noch einmal über das Geld sprechen. Ich habe nachgedacht, 5000 Schekel sind mir zu wenig. Das Risiko ist zu groß, wenn mich jemand sieht, oder wenn jemand draufkommt, flieg' ich raus. Dann helfen mir die 5000 Schekel auch nichts." Jakov sah ihn erstaunt an. Gestern schien er noch ganz zufrieden gewesen zu sein mit der Summe – das war immerhin so viel, wie er sonst in einem Monat nach Hause brachte. „Unmöglich, wir haben das doch vereinbart. Aber was hast du dir denn vorgestellt?" „Wenn du nicht doppelt so viel aufbringst, dann können wir das Ganze vergessen." Jakov war ziemlich sicher, dass ihm Yossi Galem auch diese Summe zugestehen würde, aber er wollte nicht so schnell klein beigeben. „Mordechai, ich bitte dich, das geht nicht, ich bin doch auch kein Krösus ..." „Wer einen Phaeton fährt", unterbrach der ihn, „der kann so arm nicht sein. Aber ich mach dir einen anderen Vorschlag: Ich repariere dir dein Fahrzeug, dann brauchst du mir nur das zu zahlen, was es an Stunden kostet, und ich habe keine Schwierigkeiten in der Firma." Jakov spürte, wie eine gewisse Röte in seinem Gesicht aufstieg. Jetzt brauchte er rasch eine Ausrede. „Ah, nein, vielen Dank, ich brauche auch mal wieder eine Herausforderung, ich habe früher immer meine Autos selbst repariert, außerdem ist der schon ein paar Jahre alt, ich habe ihn gebraucht über-

nommen." Jakov wollte sich nicht weiter in diese Diskussion einlassen. Er stimmte der Summe zu und ließ den VW-Mechaniker schwören, er würde am nächsten Tag nicht mit einer neuerlich erhöhten Forderung zum Treffen erscheinen.

Während Jasmin Köpperl mit ihrem Chefredakteur die Causa Kropfitsch besprach, war Kriminalkommissar Franz Bugelnik mit der Lektüre der Seiten fertiggeworden, die er von der Mikro-Speicherkarte ausgedruckt hatte. Es war eine Art Gedächtnisprotokoll, das Georg Kropfitsch über seine Reise nach Mecklenburg-Vorpommern verfasst hatte. Er hatte dort mit einem NPD-Gruppenleiter, einem gewissen Gerd Pistor („groß gewachsen, schon leicht angegraut, aber scharf gezogener Scheitel ..."), eine längere Aussprache gehabt. Pistor hatte ihm von der hohen Arbeitslosigkeit im Osten Deutschlands erzählt, vor allem junge Menschen mit schlechter Ausbildung hätten kaum eine Chance, einen Job zu finden. Dazu komme der Hass auf alles, was im Westen gut funktioniere, und natürlich auf die „Ausländer", worunter dort alle verstanden wurden, die nicht in der ehemaligen DDR aufgewachsen waren. Die Jungen seien besonders zugänglich für rechtes Gedankengut, Pistor versuche mit ihnen in Kleingruppen zu arbeiten („bei ein paar Flaschen Bier hören sie sich gerne die Reden unserer Funktionäre an ..."), und sie lockten dann immer neue Gesinnungsgenossen an.

Auch von einer NSU war die Rede, Bugelnik erinnerte sich, dass es einmal flotte Motorräder und Kleinfahrzeuge dieser Marke gegeben hatte, aber darum handelte es sich hier eindeutig nicht. NSU war auf diesem Papier die Abkürzung für „Nationalsozialistischer Untergrund", eine Neonazi-Gruppe, deren Mitglieder von den deutschen Behörden wegen mehrerer Morde gesucht bzw. zum Teil auch verhaftet worden waren. Kropfitsch hatte ganz offensichtlich auch Kontakt zu diesen Leuten geknüpft („Pistor führte mich mit Rainer W. zusammen, der wegen angeblicher NS-Wiederbetätigung gerade erst aus dem Gefängnis gekommen war.") Aber Kropfitsch war doch vorsichtiger, als es Bugelnik erhofft hatte: Es war zwar ziemlich eindeutig, dass er mit dieser Ideologie sympathisierte, aber aus den Unterlagen war kein Hinweis zu entnehmen, dass er mit den deutschen Neonazis gemeinsame Sache machte. Aber es schien ihm zu imponieren, dass es die NPD in den Landtag in Schwerin geschafft hatte. Und er zog hier eine Parallele zu Klagenfurt, er schrieb, beide Städte seien etwa gleich groß, nur das Schloss, in dem der Landtag untergebracht ist, sei um einiges protziger als der Landtag in Kärnten. Noch etwas machte Bulgenik stutzig: Mehrere Male war hier auch von „Objekt 21" die Rede. Einmal wurde ein Treffen in Steyr beschrieben, bei dem Kropfitsch „Fahnen und einschlägige Schriften" angeboten wurden, und, offenbar um ihm zu imponieren, hatte man ihm auch ein ganzes Waffenlager mit Pistolen und Schnellschuss-Gewehren gezeigt.

Eines war dem Kriminalkommissar aber klar: Als Mitarbeiter des Heeresnachrichtenamtes war Georg Kropfitsch untragbar, wenn das bekannt wurde, was er nun in der Hand hatte. Das würde zumindest das Ende der Karriere seines alten Freundes bedeuten.

Bugelnik war gerade dabei, im Internet ein Foto des Schlosses Schwerin zu suchen, als es an der Tür klopfte. Herein kam ein junger Kriminalbeamter, Gerhard Schliefnig, der in der Sache „Stragger" recherchierte. „Chef", begann er, um sich im selben Augenblick daran zu erinnern, dass ihm Bugelnik diese Anrede ausdrücklich verboten hatte, „die Kollegen vom Diebstahl haben da eine seltsame Anzeige hereinbekommen: Aus der Pathologie im LKH soll eine Leiche gestohlen worden sein." Bugelnik stellte den Zusammenhang sofort her – das muss der Tote sein, der in der Garage von Stefan Stragger hinter dem Steuer saß. „Ja, aber gemerkt haben sie es erst, als wir ihnen den Toten gebracht haben, von dem wir ja vermutet haben, dass es der Stefan Stragger ist." Bugelnik beschloss, ins Landeskrankenhaus zu fahren und die Sache an Ort und Stelle zu überprüfen.

Er war noch nie im neuen Kärntner Landeskrankenhaus gewesen, das gebaut wurde, weil Haider beschlossen hatte, die rund hundert Jahre alten Gebäude stillzulegen und um 160 Millionen Euro ein neues Klinikum zu errichten. Nur das Beste war gut genug, sogar den Fluss Glan mussten sie dafür verlegen, immerhin war das jetzt eines der modernsten Krankenhäuser Österreichs. Aus alter Gewohnheit (Bugelnik hatte vor ein paar Jahren seine Mutter öfter besucht, als sie sich den Oberschenkelhals gebrochen hatte) wollte er zum Eingang Krassnigstraße fahren, doch dann erschien ihm der Haupteingang als klügere Lösung. Er ließ sich vom Eingangsportier den Weg zur Pathologie beschreiben, nach wenigen Querstraßen hatte er aber die Orientierung verloren. Warum kann man nicht Hinweisschilder so aufstellen, dass sich auch Durchschnittsbürger zurechtfinden, dachte er, um dann notgedrungen das Seitenfenster herunterzukurbeln und eine Krankenschwester nach dem richtigen Weg zu fragen.

„Alt werde ich hier nicht", dachte er sich, als er die Leichenkammer der Pathologie betrat, die sich vor allem durch einen stechenden Geruch auszeichnete. Oberarzt Dr. Andreas Raunegger, im weißen Ärztekittel und mit einer kleinen, runden Nickelbrille auf der Nase, war sichtlich aufgeregt: „Also das haben wir hier noch nie erlebt, eine Leiche wird gestohlen und kommt dann einfach wieder zurück!" Bugelnik war vor allem interessiert daran herauszufinden, wie denn der Verlust der Leiche entdeckt worden war. „Ein Mitarbeiter hat gemerkt, dass die Schublade nicht richtig geschlossen war – das ist wie bei einem Kühlschrank, da wollen Sie auch nicht, dass die Tür offen steht." „Haben Sie hier eine Überwachungskamera?" „Ja, was glauben Sie denn, damit wir sehen, was die Toten unternehmen, wenn wir am Abend das Licht ausschalten? Nein, hier gibt es keine Kamera." Bugelnik sah sich um: In dem Raum standen mehrere Tische, ganz offensichtlich jene, auf denen die Leichen seziert wurden. Einen Sekundenbruchteil lang erschien das Bild vor seinen Augen, wie der Brustkorb eines Verstorbenen mit einer Elektrosäge aufgeschnitten wird, doch er verdrängte es schnell, er hatte keine Lust, sich vor dem Arzt zu übergeben. An der Wand standen die typischen Kühlfächer mit den Aluminium-Türen, wie überhaupt Aluminium das vorherrschende Metall in einer Leichenkammer zu sein schien. Am gegenüberliegenden Ende des Raumes sah er noch eine Tür, durch die Milchglasscheibe war nicht zu erkennen, was sich dahinter befand. „Wohin kommt man, wenn man da durchgeht?", fragte er den Oberarzt und zeigte auf den Ausgang. „Hier kommen die Leichen an, und hier werden sie auch wieder abtransportiert, man kann mit dem Wagen direkt ins Freie fahren." „Und ist die Tür versperrt?" „Ja, normalerweise schon, nur unser Personal und die Mitglieder der Einsatzfahrzeuge haben eine Art Universalschlüssel." Bugelnik ging auf die Kühlladen zu und bat Dr. Raunegger, ihm die Leiche zu zeigen, die kurzfristig verlorengegangen war. Raunegger blickte auf die Namensschilder, die an jeder Tür hingen, und öffnete dann eine in der mittleren Reihe. Er zog an einer Art Schublade und wie aus einem Geschirrfach rollte die Leiche ins Blickfeld des Kommissars. Auf der großen Zehe hing ebenfalls ein kleiner Zettel, offensichtlich mit dem Namen des Toten. Bugelnik wartete, bis er das Gesicht erkennen konnte – er sah tatsächlich dem Mann täuschend ähnlich, den der oder die Unbekannten ans Steuer von Stefan Straggers Auto gesetzt hatten. „Danke vielmals, das reicht mir", sagte er zum Oberarzt und versuchte so oberflächlich wie möglich zu atmen, „ich schicke gleich die Kriminaltechniker zur Spurensicherung hierher."

Von: straggerst@aon.at
An: jasmin.koepperl@gmx.at
David und Peter trafen sich wieder in Georgetown. Beide hatten ihr Büro in der Mittagspause (oder jedenfalls zu dem Zeitpunkt, an dem die Kollegen, die weniger beschäftigt waren, ihre Snacks einnahmen) verlassen und am für sie reservierten Eckplatz im „Bistro Français" Platz genommen. Das Lokal war nicht groß, David gefielen besonders die massiven Messingrohre, die die einzelnen Abteile abgrenzten und ein wenig den Eindruck eines Hochseedampfers vermittelten. Die Kellnerin war rasch zur Stelle (sie waren nicht überrascht, dass sie sie mit ihrem schönsten Lächeln und einem „Hi, ich heiße Jenny, ich werde Sie heute bedienen" begrüßte), sie bestellten und kamen dann gleich zur Sache. David konnte es nicht glauben, dass ihr – oder eigentlich war es sein – schöner Plan von oberer Stelle durchkreuzt worden war: „Das ist doch ein Wahnsinn", sagte er mit gedämpfter Stimme, aber, indem er jedes Wort einzeln betonte, mit besonderem Nachdruck. „Irgendwann werden wir uns dann einen schweren Vorwurf machen. In den letzten Tagen habe ich von unserer Botschaft in Wien wieder Informationen bekommen, dass sich unser Freund" (nicht einmal im Lokal war David sicher, dass er den Namen Haider aussprechen konnte, ohne Gefahr zu laufen, dass jemand das Gespräch mitverfolgen würde) „mehrmals mit Saif Gaddafi getroffen hat. Angeblich – die Botschaft ist da sehr vorsichtig, und das Ganze ist auch top secret –, angeblich soll es da wieder zu einer größeren Geldübergabe gekommen sein. Sie wissen nicht, wie viele Dollars, es waren sicher Dollar, oder vielleicht waren es auch Euro, jedenfalls, wie viel Geld da den Besitzer gewechselt hat.

Aber wir haben einen Mann in der Vier-Länder-Bank sitzen, das ist die lokale Bank, die Haider sozusagen aus der Hand frisst, und der wird uns hoffentlich informieren, wenn das Geld auf dem Konto landet." David war sicher, dass es um Millionen ging und dass mit dieser Summe der weitere Aufbau einer Art paneuropäischen Rechten finanziert werden sollte. *"Warum sollte Gaddafi denn an einem rechtsradikalen Umschwung in Europa interessiert sein, wenn es überhaupt dazu kommt?",* warf Peter ein. *"Er traut den Konservativen und auch den Sozialdemokraten nicht wirklich. Der einzige, dem Gaddafi noch die Füße küssen würde, ist Berlusconi, der Verrückte aus Italien. Aber das hat eher mit den Frauengeschichten zu tun."* Peter hatte davon keine Ahnung und blickte sein Gegenüber fragend an. *"Ach, bei seinem letzten Besuch im Zelt vom alten Gaddafi soll er ihm sozusagen als Gastgeschenk ein besonders junges, hübsches Mädchen mitgebracht haben. Es ist wirklich zum Kotzen, was diese alten Männer aufführen."*

Während Jenny das Essen servierte und guten Appetit wünschte, unterbrachen sie die Konversation, nahmen sie jedoch gleich wieder auf, als sie sich vom Tisch entfernt hatte. "Wie soll es jetzt weitergehen?", fragte David, auch wenn er für sich schon eine Antwort gefunden hatte. "Keine Ahnung", erwiderte Peter, "wir lassen die Sache jetzt einmal laufen, und wenn sich unser Verdacht weiter erhärtet, müssen wir es noch einmal versuchen."

David schnitt ein Stück vom gerösteten Hühnchen ab und ging in sich: Er hatte plötzlich das Bild seiner Urgroßmutter vor Augen, wie sie vor den Nazischergen in Wien die Lebensmittel aufklauben musste, die die Männer, alle waren jung, trugen graue Uniformen und schwarze Stiefel, aus ihrer Handtasche auf die Straße geschüttet hatten. Großvater hatte die Geschichte so oft erzählt, dass David jede Bewegung seiner Urgroßmutter, jedes unterdrückte Schluchzen wie einen Film vor sich ablaufen lassen konnte. Ist es möglich, dass Derartiges wieder geschieht, würden die Menschen wieder zusehen, oder wegsehen, aber jedenfalls nichts dagegen unternehmen, wenn solches Unrecht mit ihren Mitbürgern geschieht? Es war schwer vorstellbar, Europa hatte sich in eine ganz andere Richtung entwickelt, die ärgsten Feinde waren zu Freunden oder zumindest zu Partnern geworden. Dennoch: Er wusste, die Xenophobie war überall dort, wo Ausländer in größeren Scharen auftauchten. Nach dem Krieg in Jugoslawien waren Hunderttausende in den Norden geflüchtet, anfänglich wurden sie noch mit offenen Armen aufgenommen. Schließlich hatten sowohl die Berichte als auch die Bilder vom Balkan alles übertroffen, was man sich an Grausamkeiten vorstellen konnte. Doch nach und nach wurde es den Leuten zu viel, sie zeigten sich reserviert vor allem gegenüber jenen Flüchtlingen, die in ihrem kriegsversehrten Land nicht länger leben wollten und ihr Heil und ein wenig Geld im Westen suchten.

„David, wo bist du?" Peter blickte ihn an, streckte seine Hand aus und legte sie auf Davids Arm. „Sorry, mir ist nur gerade etwas durch den Kopf gegangen. Ist schon ok." David war sich bewusst, dass er Peter kaum überreden konnte, seine Vorgesetzten nochmals zu kontaktieren und sie zu einer Änderung ihrer Haltung zu bewegen. „Wir blasen es also ab. Aber ich hoffe, wir machen keinen Fehler!" „David, bist du dir im Klaren, was du da sagst? Hier geht es nicht einfach darum, eine politische Entscheidung zu treffen. Was wir hier überlegen, endet in letzter Konsequenz mit Mord, und das …" „Ja, Mord, aber es ist gerechtfertigter Mord, weil er in letzter Konsequenz den Tod vieler anderer Menschen verhindern könnte." David blickte an Peter vorbei, am Messingrohr entlang, das in seiner Vorstellung immer länger wurde, sich bei der Tür hinaus zog und in der Unendlichkeit landete. Er nahm Peters Worte kaum wahr, sie kamen auf ihn zu wie das weit entfernte Krähen einer

Schar von Raben im dichten Nebel. „Du ... musst ... dir ... das ... nochmals ... gut ... überlegen!" Zum Glück kam Jenny mit der Rechnung, David hatte einfach keine Lust mehr, über dieses Thema weiterzureden. Er war sich bis dahin so sicher gewesen, dass er längst den Beschluss gefasst hatte, die Sache selbst in die Hand zu nehmen. Doch das wollte er seinem besten Freund jetzt nicht mitteilen. Außerdem war er plötzlich nicht mehr davon überzeugt, dass er das tatsächlich durchziehen wollte.

Jasmin Köpperl war zurück in ihrer Wohnung. Die Bewachung, die Kriminalinspektor Franz Bugelnik angeordnet hatte, war von einem erfahrenen Beamten übernommen worden, der genau wusste, wann er sich in einen Hauseingang stellen musste, um von seinem Objekt nicht gesehen zu werden. Jetzt saß der Mann unten in seinem Wagen, in einer Stunde würde er von einem Kollegen abgelöst werden. Jasmin bereitete sich mit dem Einkauf, den sie auf dem Rückweg erledigt hatte, ein bescheidenes Abendessen. Nach den Aufregungen der vergangenen Tage verspürte sie immer noch keine Lust zu essen. So viel ging ihr durch den Kopf: Wer waren die Männer, die sie entführt hatten, was wollten sie von ihr und warum hatten sie sie so überraschend freigelassen – aber dann dachte sie wieder an Stefan. Ihr Schicksal konnte sie selbst meistern, aber wo war Stefan? Sie bekam zwar regelmäßig die Mails in ihr Postfach, doch außer den Romanfragmenten – oder was immer sich hinter den ominösen Zeilen verbarg – hatte sie kein Lebenszeichen von ihm. „Haider" war zweifellos die Hauptperson in dem „Krimi" – ja, es las sich tatsächlich wie ein Kriminalroman – aber worauf wollte er hinaus? Jasmin grub in ihrem Gedächtnis und erinnerte sich, dass ihr Stefan einmal von seinen Begegnungen mit Jörg Haider erzählt hatte. Es dürfte um das Jahr 1999 gewesen sein, dass er Haider zum ersten Mal getroffen hatte. Der war im Frühjahr neuerlich zum Kärntner Landeshauptmann gewählt worden, acht Jahre nach seinem Ausspruch von der „ordentlichen Beschäftigungspolitik im Dritten Reich", der damals zu seiner Abwahl geführt hatte. Stefan war am Wörthersee unterwegs gewesen, hatte einige Lokale aufgesucht und war in einer Bar auf Haider gestoßen. Wie immer war der Landeshauptmann mit einer Entourage junger männlicher Begleiter unterwegs, aber das hinderte ihn nicht, Stefan anzusprechen und sich mit ihm an einen

Tisch zu setzen. Sie konnte sich nicht mehr erinnern, was ihr Stefan – wenn überhaupt – über den Inhalt des Gesprächs erzählt hatte, doch meist ging es ohnehin ums Theater, um die Schriftstellerei, um Bücher. Denn eines wusste sie sicher: Stefan hatte bestimmt nicht über seinen Beruf gesprochen – oder jedenfalls nicht bei diesem ersten Treffen mit Haider. Sie hatten sich ausgezeichnet unterhalten, hatte ihr Stefan berichtet, das war beim Landeshauptmann auch keine Kunst, er verstand es wie kein anderer, seine Gesprächspartner für sich einzunehmen. Sie trafen sich immer wieder, doch meist eher zufällig, nur einmal, das war schon relativ knapp vor Haiders Tod, hatte dieser Stefan sogar zu sich ins Büro auf dem Arnulfplatz geholt. Stefan war nie sehr gesprächig, wenn Jasmin ihn fragte, worüber sie denn gesprochen hätten, und wich dann häufig aus: Über dieses und jenes, aber jedenfalls nicht über Politik, war seine meist unbefriedigende Antwort. Und über seinen Beruf wollte er schon gar nicht reden, Jasmin war nicht sicher, ob Haider überhaupt wusste, dass ihr Freund beim Heeresnachrichtenamt tätig war. Andererseits, er war Landeshauptmann – wenn er es wirklich herausfinden wollte, dann hatte er sicher alle Möglichkeiten, das auch zu tun.

Entführt? Untergetaucht? Die Ungewissheit ließ Jasmin keine Ruhe. Sie holte ihre Handtasche und suchte nach der Visitenkarte, die ihr Kriminalinspektor Bugelnik in die Hand gedrückt hatte. Auf der Rückseite hatte er seine private Handynummer notiert, die wählte Jasmin jetzt. „Bugelnik", er meldete sich schon beim zweiten Läuten. Jasmin entschuldigte sich, dass sie jetzt am Abend noch anrufe, doch das ungeklärte Schicksal von Stefan lasse sie nicht in Ruhe. „Haben Sie schon irgendwelche Fortschritte gemacht?" Bugelnik zögerte mit der Antwort, schließlich war Jasmin nicht nur eine – wenn auch nur am Rande – Beteiligte in einem Mordfall ohne Leiche – oder jedenfalls einem Fall, das wusste er seit dem Nachmittag, in dem die Leiche aus dem Krankenhaus zugeliefert worden war –, Jasmin war auch Journalistin, und da musste er in jedem Fall Vorsicht walten lassen. „Es gibt da einiges, was uns weitergeholfen hat", blieb er so oberflächlich wie möglich, „aber eine konkrete Spur haben wir noch nicht." Er bat sie, noch einmal intensiv nachzudenken, ob sie etwas zur Klärung des Falles beitragen könne, und sie vereinbarten, am nächsten Tag wieder miteinander zu telefonieren.

Aus dem Telefongespräch wurde ein Caféhaus-Besuch, Jasmin hatte den Kommissar am frühen Vormittag angerufen, doch er wollte sie unbedingt sehen und so trafen sie sich im „Salzamt". Bugelnik erbat sich absolutes Stillschweigen. „Wir wissen nicht", begann er das Gespräch, „was mit Stefan geschehen ist. Wenn Sie mit irgendjemandem darüber sprechen oder gar – Gott behüte – eine Zeile darüber in der Zeitung veröffentlichen, kann das katastrophale Folgen haben." Jasmin versicherte ihm, sie habe genauso großes Interesse, nein, in Wahrheit ein viel größeres Interesse als die Polizei, Stefan gesund zurückzubekommen, daher würde sie hundertprozentig nicht mit anderen darüber sprechen oder gar darüber schreiben. Jetzt war nicht der Zeitpunkt, ihm zu sagen, dass sie vor nicht einmal vierundzwanzig Stunden mit ihrem Chefredakteur Stefans Verschwinden besprochen hatte. Herbert war ein guter Freund, und außerdem hatte er zugesagt, dass er die Sache für sich behalten würde. Jasmin war es wichtiger herauszufinden, was die Polizei in den letzten Stunden in Erfahrung gebracht hatte. So erzählte Bugelnik von seinem Besuch im Landeskrankenhaus und dass er nun sicher sei, dass die Leiche von jemandem aus dem LKH entfernt worden war, der nicht nur mit den Gegebenheiten vertraut war, sondern der auch die notwendige Erfahrung hatte, so eine Aktion durchzuführen.

„Meinen Sie etwa Kropfitsch?", rutschte es Jasmin heraus, noch ehe ihr bewusst wurde, dass sie einen schweren Verdacht aussprach. „Wie kommen Sie auf ihn?" Bugelnik sah sie an, den Mund weit offen, so dass Jasmin unbewusst in seinen Gaumen starrte. „Ich weiß es nicht", erwiderte Jasmin und dachte rasch nach, wie sie das am besten formulieren sollte, „nach all dem, was Stefan mir erzählt hat – und er war nicht sehr gesprächig, wenn es um seinen Job ging –, waren die beiden einander nicht sehr nahe." Dann berichtete sie, dass er einmal den Verdacht geäußert habe, Kropfitsch habe ein Naheverhältnis zu rechten Gruppierungen „und er meinte damit nicht die FPÖ, sondern wirklich weit rechts, Neonazis und so", aber sie habe aus Stefan nicht herausgebracht, worauf er diese Mutmaßung begründete. „Glauben Sie, dass Stefans Verschwinden etwas damit zu tun haben kann?" „Jasmin, Sie müssen mir absolut versprechen, niemandem etwas davon zu erzählen", Bugelnik wagte sich jetzt weit vor, viel weiter, als er es als Kriminalkommissar eigentlich durfte, doch er hoffte insgeheim, dadurch wieder einen vielleicht wesentlichen Fortschritt machen zu können. „Wir wissen jetzt, dass Georg Kropfitsch am Tatort war, wenige Minuten …" Nein, dass die eingebaute intelligente Kamera nicht nur Live-Bilder überspielte, sondern dass man mit ihr auch zurückverfolgen konnte, was zu einem früheren Zeitpunkt aufgenommen worden war, das wollte er jetzt nicht ausplaudern. „Was meinen Sie, wenige Minuten – wenige Minuten bevor was passiert ist?" Jasmin blickte ihn scharf an, sie erkannte aus seiner Wortwahl, dass Bugelnik mehr wusste, als er ihr mitteilen wollte. „Lassen Sie es mich so sagen: Bevor Stefan offensichtlich durch den geheimen Gang im Keller verschwunden ist, ist ein Fahrzeug aufgetaucht, aus dem Kropfitsch ausgestiegen ist. Unter normalen Umständen hätte Herr Stragger jetzt die Türe öffnen und seinen Kollegen ins Haus bitten können – aber das hat er nicht getan, das wissen wir. Aber bitte, fragen Sie mich nicht, woher wir das wissen." Jasmin Köpperls Kopf rauchte, sie war sich im Unklaren, wie sie darauf reagieren sollte. Ihr Verdacht, dass Kropfitsch etwas mit der Flucht Stefans zu tun hatte, erhärtete sich immer mehr. Bisher hatte sie vermutet, die vielen Seiten, die sie mehrmals am Tag per E-Mail zugeschickt bekam, hätten etwas damit zu tun, doch plötzlich kam ihr der Gedanke, dass es noch eine andere Komponente geben müsse. Schließlich war – jedenfalls bisher – der Name Kropfitsch in den E-Mails noch nie aufgetaucht. Andererseits: Was würde noch kommen? Und: Sie hatte keine Ahnung, wie viel von dem, was sie gelesen hatte, auf Wahrheit beruhte, und was einfach erfunden war. Einiges, nein, vieles kam ihr bekannt vor, oder jedenfalls nicht unglaubwürdig, aber Stefan war ein hochbegabter Literat, der würde es auch so formulieren können, dass es sich wie ein Tatsachenroman liest. Bis jetzt hatte Jasmin Köpperl dem Kriminalkommissar nichts von dem Romanfragment erzählt, doch nun hatte sie sich eine Theorie zurechtgelegt: Ich weiß offenbar einiges, was die Polizei nicht weiß, und genauso scheint es auch umgekehrt zu sein. Wir können uns nur gegenseitig helfen, dachte sie. „Herr Inspektor Bugelnik, es gibt da noch etwas, was Sie vielleicht interessiert." Und sie griff in ihre überdimensionierte Handtasche, holte einen Stoß DIN-A4-Papiere hervor und überreichte sie dem Kommissar.

Kriminalinspektor Franz Bugelnik rieb sich die Augen. Es war knapp vor Mitternacht, er hatte die rund 50 Seiten, die ihm Jasmin Köpperl übergeben hatte, gerade fertiggelesen. Oder besser: Er hatte sie überflogen, der Inhalt war ihm einigermaßen klar und damit schien auch ein weiteres Rätsel gelöst: Stefan Stragger hatte diese Berichte verfasst und das mochte auch ein weiterer Grund für sein Verschwinden gewesen sein: Irgendjemand musste in Erfahrung gebracht haben, dass der Heeresbeamte jenen Männern auf der Spur war, die – wenn man den Gerüchten, die im Internet herumschwirrten, Glauben schenken durfte – den Tod des Kärntner Landeshauptmannes herbeigeführt haben könnten. Bugelnik war damals auch am Tatort gewesen, er hatte das Fahrzeug gesehen und sämtliche Unterlagen über die Todesursache studiert: Er wusste, dass Alkohol im Spiel war, dass es neblig war, dass Haider einen anstrengenden Arbeitstag hinter sich hatte, dass er mit stark überhöhter Geschwindigkeit unterwegs war – mit anderen Worten, er war immer noch sicher, dass alles so abgelaufen war, wie es die Polizeiberichte zusammengefasst hatten. Doch jetzt kam ein Funke Zweifel hinzu: Was, wenn Stefan Stragger, der ja immerhin beim Heeresnachrichtenamt beschäftigt war, auf Informationen gestoßen war, die den Untersuchungsbehörden nicht vorlagen, oder wenn er über ein Netzwerk von Informanten – man hörte ja immer wieder, dass das HNA sehr enge Beziehungen zu den Geheimdiensten in aller Welt hatte – zu Unterlagen gekommen war, zu denen sonst niemand Zugang hatte? Nur eine Frage konnte Bugelnik zu dieser späten Stunde nicht beantworten: Warum hatte er alles so fein säuberlich, ja geradezu in Romanform, niedergeschrieben? Und warum schickte er es gerade jetzt Jasmin Köpperl? Was wollte er damit erreichen? Der Inspektor legte die Papiere zur Seite und beschloss, vor dem Schlafengehen noch einmal darüber nachzudenken.

Als er dann im Bett lag, wurde ihm plötzlich bewusst, dass immer noch viele Fragen offen waren, die deshalb nicht zu klären waren, weil er nur ein Fragment und nicht die ganze Geschichte gelesen hatte. Immer wieder brach die Story ab, aber so viel hatte er erkannt: Im jeweils nächsten Kapitel gingen die Vorbereitungen der Protagonisten weiter, ganz gleich, ob es jetzt die Amerikaner waren, die Jörg Haider nach dem Leben trachteten, die Israelis oder die Kroaten.

Und während in seinem Gehirn der Verdacht aufkam, Jasmin Köpperl habe weitere Teile des Manuskripts möglicherweise zurückbehalten, wurden seine Augen immer schwerer, doch seine Gedanken kreisten weiter um dieses Thema: Stefan Stragger tauchte in der 8.-Mai-Straße in Klagenfurt auf, er hielt seinen Laptop in der Hand, blutete im Gesicht, der rechte Ärmel seines Anzugs war zerrissen und – das konnte Bugelnik, der auf der anderen Straßenseite stand, deutlich sehen –, er hinkte. Bugelnik rief nach ihm, doch aus seinem Mund kamen keine Laute, so sehr er sich auch anstrengte, mehr als ein unterdrücktes Krächzen war nicht zu hören. Gerade als er die Straße überqueren wollte, fuhr ein Bus der Stadtwerke von der Haltestelle los und verdeckte ihm die Sicht. Im nächsten Augenblick war Stefan Stragger verschwunden.

Am folgenden Morgen im Büro versuchte der Kommissar seine Gedanken zu ordnen – ein Blick auf die Papiere, die er von zuhause mitgenommen hatte, machte ihm rasch klar, dass einiges von dem, was in seinem Kopf herumschwirrte, dem Traum der vergangenen Nacht zuzuschreiben war. Doch in einem war er sich im Klaren: Unabhängig davon, was er in der Nacht zuvor gelesen hatte, Stefan Stragger war in Gefahr. Schließlich hatte er noch die Speicherkarte mit den inkriminierenden Informationen über Georg Kropfitsch und das Dropcam-Video, das Kropfitsch mit Pistole im Anschlag in Stefans Arbeitszimmer zeigte – und je mehr er darüber nachdachte, desto überzeugter war er sich, dass er Stefan finden musste. Doch wo suchen? Bugelnik musste im familiären Umfeld versuchen herauszufinden, wo Stragger untergetaucht sein könnte. Und er musste noch einmal

Jasmin Köpperl treffen, ein Umstand, der ihm keineswegs unangenehm war. Sie komme auf die Polizeistation, weil sie ohnehin unterwegs in die Redaktion sei, sagte sie am Telefon, der kleine Umweg sei kein Problem.

Jasmin wusste nur von Stefans Bruder, doch der war ja tatsächlich vor ein paar Tagen verstorben. Die Eltern hatte Bugelnik schon am Morgen, nachdem er den Tatort mit Jasmin Köpperl besichtigt hatte, aufgesucht. Sie waren in Trauer, weil sie gerade ihren jüngeren Sohn verloren hatten. Weil Bugelnik ziemlich sicher war, dass Stefan noch lebte, führte er nur ein oberflächliches Gespräch über die beiden Söhne, in der Hoffnung, durch eine Randbemerkung irgendetwas über Stefan in Erfahrung zu bringen.

„Ich möchte noch einmal zu den alten Straggers fahren, aber können Sie ganz fest nachdenken, ob Stefan einmal etwas von einer Art Zufluchtsort erwähnt hat, oder noch besser: Ob sie vielleicht gemeinsam einen mit ihm aufgesucht haben?" „Nein, da bin ich mir ganz sicher", erwiderte Jasmin und wunderte sich ein wenig, dass der Kommissar ihr erst jetzt diese Frage stellte, „wenn ich davon etwas gewusst hätte, oder wenn es so etwas gäbe, dann wäre ich schon selbst dorthin gefahren und hätte ihn gesucht."

Das Gespräch mit den Eltern, die in Viktring, etwas außerhalb von Klagenfurt, wohnten, musste Bugelnik mit besonderer Vorsicht führen. Einerseits wollte er herausfinden, ob die Familie noch irgendwo ein Anwesen besaß, in das sich Stefan zurückgezogen haben könnte, andererseits würde er schon mit der Frage danach in ihnen den Verdacht nähren, dass nun auch mit Stefan irgendetwas passiert sein könnte.

Die Mutter war schwarz gekleidet, sie trug sogar ein dunkles Kopftuch, Bugelnik sah ihr an, dass sie nicht viel geschlafen hatte und kurz zuvor wieder geweint haben musste. „Frau Stragger, ich weiß, dass Sie jetzt andere Sorgen haben, aber hat Stefan Ihnen gegenüber einmal etwas von Schulden erzählt, hat er sich Geld bei Ihnen ausgeborgt?" Bugelnik hoffte, dass er über diesen Umweg nicht so sehr etwas über die finanziellen Verhältnisse herausfinden würde als über einen möglichen Realitätenbesitz.

Frau Stragger tat zwar so, als würde sie angestrengt nachdenken, doch Bugelnik sah ihr an, dass sie mit ihren Gedanken woanders war. Am Ende des Nachdenkprozesses, der dem Kommissar schon ein wenig die Geduld raubte, wusste sie nicht mehr zu sagen, als dass sie ihr Leben lang schwer gearbeitet und nie Schulden gemacht hätten. Sie erwähnte, dass ihre Eltern einen kleinen Bauernhof in Köstenberg in der Nähe von Velden gehabt hätten, doch den habe ihr Bruder bzw. dessen Sohn dann übernommen. Ihr Mann hingegen sei in einer Schmiede aufgewachsen, in Diex bei Völkermarkt, doch dieser Betrieb habe sich mit dem Ende des Pferdefuhrwerke-Zeitalters nicht mehr rentiert und sei dann aufgelassen worden. In diesem Augenblick hob ihr Mann, der die ganze Zeit über völlig teilnahmslos in einem bequemen Fauteuil saß und dessen Alzheimer-Krankheit schon deutliche Spuren hinterlassen hatte, den Kopf: „Und der Opa", sagte er mit rauer Stimme, die er dem jahrzehntelangen Zigarettenkonsum, aber auch seinem Schweigen verdankte, „der hat eine kleine Hütte in Grafenbach g'habt, die sollt' eigentlich noch stehen."

Von: straggerst@aon.at
An: jasmin.koepperl@gmx.at
Jakov stand in der kleinen Werkstatt, die er vor einiger Zeit gemeinsam mit einem Feinmechaniker namens Gil eingerichtet hatte. Sie hatten beide die Köpfe über die Reparaturpläne gebeugt, die Mordechai schließlich doch aus dem Volkswagen-Betrieb entwendet hatte. Er war, wie vereinbart, am nächsten

Tag wieder in der Bar erschienen, tat aber kurz so, als würde er mit leeren Händen dastehen. „Und?", fragte Jakov schon mit etwas Wut und Ungeduld in der Stimme, die noch verstärkt wurden, als Mordechai beide Hände Richtung Boden ausstreckte und sie zweimal hin und her drehte. Nicht schon wieder, dachte Jakov, ein weiteres Mal lasse ich mich nicht erpressen – wenn er jetzt die Pläne nicht mit hat, muss ich mir eine andere Lösung ausdenken. Doch es kam anders: Mordechai ließ gleich danach sein schönstes Lächeln erstrahlen (sogar ein Goldzahn blitzte zwischen den Zähnen durch), hob seine rechte Hand und griff damit in die Brusttasche seiner deutlich verschmutzten Windjacke.

„Das Problem ist", sagte Gil, nachdem er die beiden Seiten, die das Lenkgestänge des Phaeton in jedem Detail wiedergaben, genau studiert hatte, „das Problem ist, dass alles so furchtbar verbaut ist. Beim Peugeot – du erinnerst dich – konnte man von der Spritzwand bis zum Lenkgetriebe jeden Zentimeter sehen. Hier geht nichts, ohne dass man vorher den halben Motor auseinandernehmen muss. Vielleicht", und Gil blickte an Jakov vorbei, als würde er sich von der Wand, an der zahlreiche leicht verblasste Fotos halbnackter Pin-up-Girls hingen, Erkenntnisse erwarten, „vielleicht kommt man von unten besser heran, aber das sollten wir uns an einem echten Wagen einmal ansehen." Jakov nickte: Er hatte sich das nicht so kompliziert vorgestellt. Jedenfalls würde der Einbau der kleinen Bombe um vieles schwieriger werden als das Basteln des Sprengsatzes. Dazu kam noch, dass er ja kaum Zeit haben würde, denn wie lange würde der Dienstwagen eines österreichischen Politikers – der noch dazu ständig unterwegs war – unbeobachtet herumstehen? Sie blickten wieder auf die Zeichnungen: Die „Zahnstangen-Hydrolenkung mit Drehschieberventil und Seitenantrieb" (wie fast alle komplexen Getriebe war auch dieses von der Zahnradfabrik Friedrichshafen konstruiert worden)

bestand aus einer Zahnstange mit einem Antriebsritzel, das war jener Teil, der den Übergang vom Lenkrad beziehungsweise der Lenksäule zu den Vorderrädern bildete. „Siehst du diese Öldruckleitung hier?", fragte Jakov seinen Kollegen und zeigte auf einen schwarzen, dicken Strich, der von einer Flügelpumpe direkt zum Drehstab führte. „Was passiert, wenn wir die Ölzufuhr kappen? Hier kämen wir viel leichter dazu."

Doch Gil musste ihn enttäuschen: „So schnell passiert da nichts, das Fahrzeug kann noch längere Zeit ohne Öldruck weiterfahren – am ehesten spürt man, dass sich das Lenkrad schwerer drehen lässt, so, als würde die Servolenkung ausfallen. Aber du weißt ja, das merkt man am ehesten noch beim Einparken, aber sonst?" Ihre Blicke richteten sich wieder auf den Plan. „Es gibt nur zwei Möglichkeiten: Entweder wir befestigen unseren Sprengsatz an der Lenkspindel – wo genau, das müssen wir uns einmal an einem Phaeton im Detail ansehen – oder am Lenkgestänge. Wenn du mich fragst, ist das sicher die einfachste Lösung. Und außerdem: Wenn es dann zu einem Unfall kommt, dann fällt ein gebrochenes Lenkgestänge nicht so auf, denn die Kräfte, die dann auf dieses Stück Metall einwirken, sind gewaltig. Nicht beim normalen Fahren, aber bei einer Kollision – und zu der kommt es ja in jedem Fall, wenn der Fahrer sein Auto nicht mehr beherrschen kann."

Jakov hatte Glück: Ein Anruf bei Yossi Galem genügte und er hatte die Zusage, dass ihm am nächsten Tag ein Phaeton zur Verfügung gestellt werden würde. Jakov hatte im Internet herausgefunden, dass es ein Baujahr 2006 sein müsse, denn sehr oft würden Firmen aus welchen Gründen auch immer gewisse Bauteile ändern. Dann würde sich jede Überprüfung eines nur ähnlichen Fahrzeuges als sinnlos erweisen. Jetzt brauchte er nur noch eine Hebebühne. Jakov erinnerte sich, dass er in seiner unmittelbaren Nachbarschaft immer wieder an einer Werkstätte vorbeifuhr, die zwar keinen offiziellen Charakter hatte, aber gerade deshalb seinem Zweck entgegenkam. Als sie tags darauf den geborgten VW-Phaeton vor der verrosteten Doppel-Blechtüre dieser Hinterhofgarage abstellten, war der das einzige Fahrzeug im Umkreis, das vier Räder, ebenso viele Kotflügel und einen glänzenden Lack hatte. Die Sabres, die einzigen Autos, die in Israel gebaut wurden, hatten schon als Neufahrzeuge eine gewisse Patina, und die meisten anderen aus vorwiegend französischer Produktion hatten ihre besten Tage schon lange hinter sich.

Jakov schob einen Torflügel auf, ließ Gil den Vortritt und schritt in den Innenhof. Sie blickten einander mit offenen Mündern an: Was sie sahen, glich einer Kombination aus Bauernhof und Schrottplatz. In einer Sandkiste spielten drei kleine Kinder, überall marschierten Hühner, Enten und auch zwei Gänse aufgeregt zwischen den Autowracks umher, ein zotteliger Hund, dessen Kette an einem Drahtseil befestigt war, das vom Dachfirst bis zu einem Holzpfahl am Zaun reichte, begrüßte sie mit lautem Gekläff. Er schien die nicht vorhandene Glocke zu ersetzen, denn in dem Augenblick erschien auch schon ein spindeldürrer Mann. Er trug ein T-Shirt, das vor längerer Zeit einmal weiß gewesen sein musste, und eine schlottrige Hose, seine nackten Füße steckten in einem Paar abgewetzter Sandalen. Er kam aus dem Haus, oder jedenfalls aus einer Tür, die den Zugang zu einem Viereck bildete, das mit Brettern, Blech und Plastikplanen einigermaßen Schutz vor Wetterunbillen bot. Er stellte sich als Aaron vor und fragte die beiden nach ihren Wünschen. Hebebühne hatte er zwar keine („Haben Sie eine Ahnung, was die kostet?", Jakov gab sich den Anschein, er reagiere richtig empört auf diese Frage), doch eine Grube könne er ihnen schon zur Verfügung stellen. Alles andere ging dann rasch: Er schob mit Hilfe von Jakov und Gil einen Renault 16, oder was davon übriggeblieben war, von seinem Platz, unter dem eine mit hellgrauen Fliesen verkleidete Vertie-

fung zu sehen war. Jakov holte den Phaeton und manövrierte ihn vorsichtig über die Öffnung. Dann stiegen die beiden die fünf Stufen hinunter, und als ihnen Aaron die Leuchte reichte, bekamen sie erstmals eine deutliche Vorstellung davon, worauf sie sich da eingelassen hatten. „Deutsche Gründlichkeit!" Jakov konnte sich den Seitenhieb nicht verkneifen, als er sah, wie aerodynamisch perfekt, aber reparaturunfreundlich, die Wagenunterseite ausgelegt war. Vom Lenkgetriebe war keine Spur zu sehen, lediglich die Lenkachsen konnten sie links und rechts an der Innenseite der Vorderräder erkennen. „Alles klar?", fragte Gil und Jakov nickte. Mehr mussten sie nicht sehen. Ihre Entscheidung war gefallen.

Von: straggerst@aon.at
An: jasmin.koepperl@gmx.at
David saß im Eastern Airlines Shuttle nach New York. Er hatte sich kurz überlegt, den Metroliner zu nehmen, hatte sich jedoch dann für das Flugzeug entschieden. Es war das Wochenende vor dem New York Marathon, die Bäume am MacArthur Boulevard und auch am George Washington Memorial Parkway hatten schon ihre schönsten herbstlichen Farben angelegt, David freute sich auf einen Spaziergang im Central Park. Dort würden die Blätter dank der Lage etwas weiter im Norden noch kräftiger leuchten. Früher war er öfter in New York gewesen, als sein Großvater noch den Antiquitätenladen besaß und auch in Manhattan wohnte. Er kannte die Stadt ganz gut, hatte sich ein Zimmer in einem Hotel auf der Lexington Avenue reserviert, von dort aus würde er alle wichtigen Stationen zu Fuß gut erreichen können. Viel Zeit würde ihm nicht bleiben, das wusste David, doch bis Sonntagnachmittag musste er die Situation so gut ausgekundschaftet haben, dass er zur Tat schreiten konnte. David blickte aus dem Fenster: Eine Stunde war vergangen, in der Ferne konnte er die Verrazano-Narrows-Brücke ausmachen, dort, wo am Sonntag Zigtausende Läufer und Läuferinnen in die 42-Kilometer-Strecke starten würden. Die Landung am La-Guardia-Flughafen erzeugte bei ihm stets ein gewisses Kribbeln im Bauch, die Maschine flog ganz niedrig über die Häuser von Brooklyn und Queens, machte dann einen Bogen, danach kam der aufregendste Teil: der Flug über das Wasser, nicht zu hoch und nicht zu niedrig, damit die Boeing 737 die Landebahn, die weit ins Meer hinaus gebaut worden war, an der richtigen Stelle traf. Auch diesmal klappte es, David war erleichtert, als er spürte, wie erst das rechte, dann das linke Rad auf dem Asphalt aufsetzte und die Maschine nach einem kräftigen Umkehrschub langsam ausrollte.

Im Hotel ging David noch einmal im Kopf seinen Plan durch – wobei er den wildesten ohnehin verworfen hatte. Als Peter noch mit Feuer und Flamme dabei war, hatten sie alle möglichen Überlegungen angestellt, wie man Jörg Haider am besten – und am unauffälligsten – aus dem Weg räumen könnte. Natürlich gab es beim Marathonlauf immer wieder Läufer, die es mitten auf der Strecke nicht mehr schafften. Entweder sie blieben einfach stehen oder – auch solche hatte es jedes Jahr einige gegeben – sie brachen auf der Straße zusammen, meist mit geringen Nachwirkungen, aber da, so hatten sich Peter und David überlegt, könnte man nachhelfen: Ursprünglich hatten sie angenommen, Haider würde ein eigenes Getränk mit sich tragen, in das sie ein Gift schütten könnten, doch als sie sich das Video des letztjährigen Marathons anschauten, war ihnen klar, dass sich jeder mit der notwendigen Flüssigkeit versorgte, die am Straßenrand angeboten wurde. Außerdem war es extrem schwierig, zum Startplatz zu kommen, ohne als Teilnehmer registriert zu werden, denn dafür war es schon zu spät. Selbst wenn sie sich mit gefälschten IDs an ihn heranpirschten, die Gefahr, entdeckt zu werden, war groß.

Eine andere Möglichkeit, die sie ins Auge fassten, erwies sich ebenfalls nicht als praktikabel: Ein Scharfschütze, den sie engagieren würden, könnte Haider von einem Wolkenkratzer aus in Queens ins Fadenkreuz nehmen. Doch auch da war die Gefahr groß, dass selbst bei allergrößter Präzision ein Unbeteiligter getroffen werden könnte – außerdem war ein derart offensichtlicher Mordanschlag mit Komplikationen verbunden – vom schwarzen Schatten, der damit auf den berühmten New York Marathon fallen würde, ganz abgesehen.

Am Ende, vor allem, nachdem Peter das eindeutige Nein seines Vorgesetzten und entsprechende Signale aus höchsten Regierungskreisen bekommen hatte, war er abgesprungen, und auch David deutete ihm gegenüber an, dass er in nächster

Zeit nicht weiter daran arbeiten würde. Aber es hatte ihm keine Ruhe gelassen: Die Berichte aus Europa mit Haiders Tendenzen, die Rechte auf dem Kontinent zu vereinen und damit eine bedeutende politische Kraft zu bilden, waren nicht weniger geworden, ebenso hatte er seine Beziehungen mit arabischen Diktatoren (oder auch mit dem einen oder anderen Sohn dieser Tyrannen) eher intensiviert als aufgegeben. Gleichzeitig ließ er auch seine Abneigung gegenüber den USA – oder zumindest gegenüber der politischen Führung in Washington – immer wieder anklingen. David wusste, dass alles nun ganz in seiner Hand lag, das war er sich und seiner Familie schuldig – nie, das hatte er sich geschworen, durfte das, was seine Urgroßmutter in Wien unter den Nazis erlebt hatte, wieder passieren. Und wenn es nur darum ginge, den Anfängen zu wehren.

David verließ das Hotel und ging die Lexington Avenue nach Süden. Nur zwei Straßen weiter stand er vor Bloomingdale's, schon die wunderbar dekorierten Schaufenster waren einzigartig und verlockend. Da fiel ihm ein, dass sich diese Shopping Mall bis hinüber zur Third Avenue erstreckte, wohin er ohnehin unterwegs war, und ging hinein. Gleich beim Eingang war er betört vom Duft der riesigen Parfümerieabteilung mit ihrem schachbrettartigen, schwarz-weißen Fußboden. Er überlegte kurz, ob er Eleanor ein Eau de Toilette oder eine Gesichtscreme kaufen sollte, doch er entschied sich dagegen, sein Hotel lag schließlich so nahe, dass er jederzeit noch einmal zum Shoppen zurückkehren konnte. In der Männerabteilung konnte er freilich der Versuchung nicht widerstehen: Zwei Hemden und zwei Krawatten erschienen ihm so günstig, dass sie schließlich im „Big Brown Bag" landeten.

Als er die Drehtür am Ausgang zur 58. Straße anschob und einen Blick auf den abendlichen Stoßverkehr auf der Third Avenue warf, war es ihm, als würde er auf der anderen Seite des Drehkreuzes ein ihm bekanntes Gesicht sehen. David schob die Türe weiter und landete wieder im Geschäft. Jetzt war der Mann, dessen Gesicht er im Augenwinkel wahrgenommen hatte, nur noch von hinten zu sehen. Er war in Begleitung, ein fröhliches, etwas zu lautes Lachen drang an Davids Ohr. Die drei waren bei einer Reihe italienischer Anzüge stehen geblieben, David senkte den Kopf und pirschte sich langsam hinter einen Krawattenständer, der ihm Schutz bot. Dann blickte er kurz hinter seinem Versteck hervor und traute seinen Augen nicht: Da stand tatsächlich Jörg Haider, nur wenige Schritte von ihm entfernt.

Das dicke, weiche Kissen reichte als Schallschutz nicht aus: Jasmin Köpperl versuchte, ihren Kopf ganz tief darin zu vergraben, aber es nützte nichts. Sie hatte auf ihrem Handy den Klingelton mit ansteigender Lautstärke eingestellt, und das machte sich jetzt übel bemerkbar. Sie fummelte mit ihrer rechten Hand auf dem Nachtkästchen, bis sie ihr Gerät ertastet hatte. 7.48 Uhr stand auf der digitalen Anzeige, als Anrufer erschien ein „Unbekannt" am Display. Sie überlegte: Eigentlich hatte sie sich fest vorgenommen, keine Gespräche anzunehmen, deren Teilnehmer sich nicht zu erkennen gaben, doch nach all dem, was in den vergangenen Tagen passiert war, hielt sie es für vernünftiger abzuheben. „Hallo?" Ihre Stimme klang, als hätte sie schon drei Tage wegen schwerer Verkühlung kein Wort gesprochen. Sie räusperte sich und fragte: „Wer spricht?" „Frau Köpperl?" tönte es aus der Leitung. „Hier ist Georg Kropfitsch, entschuldigen Sie, dass ich Sie so früh störe. Aber ich wollte sichergehen, dass ich Sie noch erreiche, bevor Sie das Haus verlassen." Jasmin war nicht wirklich überrascht: Irgendwann, das war ihr klar, würde sich Stefans Kollege auch bei ihr melden. Nun wollte er sich mit ihr treffen, so bald wie möglich, und er schlug auch gleich einen Ort vor: an der Seepromenade am Wörthersee.

Jasmin stellte ihren Wagen auf dem Parkplatz vor dem Strandbad ab – viel war nicht los um diese Jahreszeit, und schon gar nicht so früh am Morgen. Ein leichter herbstlicher Dunst lag über dem Wasser, kein Boot störte die Stille. Sie überquerte die Straße und ging auf den Kiesweg zu, der direkt am Wasser entlangführte. Ein Blick nach links und rechts, doch niemand war zu sehen, lediglich ein paar Schwäne stritten sich lautstark über ein aufgeweichtes Stück Brot. Sie sah auch nicht den Mann, den Kommissar Bugelnik zu ihrer Bewachung abgestellt hatte und der ihr vorsichtig folgte, indem er sich von einem Baumstamm zum anderen schlich. Er selbst hatte keine Ahnung, was Jasmin hier zu tun hatte, aber sein Gespür sagte ihm, dass sie wohl jemanden treffen würde – also hieß es, doppelt vor- und umsichtig zu sein. Doch auch Kropfitsch war auf der Hut: Er hatte zwei Mitarbeiter, die auf Überwachung spezialisiert waren, zum Treffpunkt geschickt und ihnen aufgetragen, nach einem verdächtigen Mann Ausschau zu halten, der wiederum Jasmin Köpperl im Auge haben würde. Die beiden HNA-Spezialisten hatten eine leichte Aufgabe: Sie erkannten ihren Mann sofort, er war – mit Ausnahme eines Hundehalters, der seine Promenadenmischung auf eben einer solchen Promenade spazieren führte – der einzige weit und breit in Seeufer-Nähe. Als sie nahe genug an ihn herangekommen waren und er – seinen Blick nach vorne auf Jasmin gerichtet – sich gerade wieder einmal hinter einer Linde versteckte, griffen sie zu: Ein kräftiger Schlag ins Genick und er brach lautlos zusammen. Jasmin hatte nichts davon wahrgenommen, umso weniger, als sie sich auf einen Herrn in einem schwarzen Filzmantel konzentrierte, der vom Restaurant „Villa Lido" auf sie zukam. „Frau Köpperl, danke, dass Sie sich die Zeit genommen haben." Georg

Kropfitsch war ausnehmend höflich, er streckte seine Hand aus und verbeugte sich – tiefer, als sie das von irgendeinem anderen Mann gewohnt war. „Ich habe nachgefragt, im Lido servieren sie auch Frühstück, wenn es Ihnen nicht zu kalt ist, können wir uns auf die Terrasse setzen."

Kropfitsch kam gleich zur Sache: „Ich bin mindestens so interessiert daran wie Sie, Herrn Stragger zu finden. Nicht, weil er einer unserer besten Kollegen ist, das allein wäre schon ein starkes Motiv – mir geht es um den Menschen Stefan Stragger." Schon als sie das Telefongespräch beendet hatte, ahnte Jasmin, dass Kropfitsch sie über den Verbleib von Stefan befragen würde – und sie hatte sich genau zurechtgelegt, wie sie darauf antworten würde, nämlich mit einer Gegenfrage. Jasmin holte tief Luft: „Haben Sie mir die zwei Männer an den Hals geschickt, die mich gefesselt, entführt und geschlagen haben? Die mich in den Kofferraum eines Autos gesteckt haben wie einen Müllsack und mich in einem dunklen Raum festgehalten haben? Waren Sie das?" Am Ende der Frage war ihre Stimme schon so laut, dass selbst der Kellner, der hinter der offenen Glastür im Restaurant stand, mitten im Reinigen der Theke innehielt und hinaus auf die Terrasse blickte. „Frau Köpperl, bitte!" Georg Kropfitsch wollte seine Hand beruhigend auf den Arm von Jasmin legen, aber sie zog ihn rasch zurück. „Ich habe keine Ahnung, wovon Sie sprechen. Warum sollte ich Sie denn entführen lassen?" „Weil mir die zwei Verbrecher", Jasmin hatte sich fest vorgenommen, diesen Ausdruck zu verwenden, auch, oder gerade wenn sie im Auftrag des HNA gehandelt hatten, „die gleiche Frage gestellt haben wie Sie eben!" Kropfitsch lehnte sich im Sessel zurück, blickte über den See und fixierte mit seinen Augen den Aussichtsturm auf dem Pyramidenkogel. „Ruhig bleiben", sagte er sich, „ganz ruhig." „Wenn Sie wollen, kann ich ein paar Leute abstellen, die diesen Vorfall untersuchen, aber ich versichere Ihnen, ich habe damit nichts zu tun." Jasmin glaubte ihren Ohren nicht zu trauen: Dieser Mann wagte es, Hilfe in einer Sache anzubieten, in der er – und davon war sie hundertprozentig überzeugt – selbst die Finger im Spiel hatte. Sie nahm ihre Handtasche und deutete an, dass sie aufstehen wollte. Kropfitsch ließ das nicht zu: Er fasste sie am Oberarm und drückte sie mit einem festen Griff zurück in ihren Stuhl.

„Kommen Sie", sagte er mit energischer Stimme, „lassen Sie uns vernünftig miteinander reden." Kropfitsch wollte mit allen Mitteln aus ihr herauslocken, wo sich Stefan versteckt halten könnte. Natürlich hatte er sich überlegt, dass sie ihn schon aufgesucht hätte, wenn sie seinen Aufenthaltsort wüsste. Doch ihre Aufpasser hatten nichts von einer Fahrt außerhalb von Klagenfurt mitbekommen – und Kropfitsch war sich einigermaßen sicher, dass Stefan Stragger nicht in der Stadt geblieben war. „Es ist in Ihrem beiderseitigen Interesse, dass Sie mir helfen", sagte er in einem Tonfall, der wie eine Mischung aus Drohung und väterlicher Sorge klang. „Wir müssen Stefan schützen, ich sage es noch einmal, er ist in großer Gefahr." Jasmin holte ihre dunkle Brille aus der Handtasche, die Sonne stand mittlerweile über den Bäumen der Strandbad-Wiese, sodass sie Kropfitsch nur mehr als Schattenriss wahrnahm. „Glauben Sie mir, ich hätte selbst schon längst nachgesehen, wenn ich wüsste, wo ich beginnen sollte", erwiderte Jasmin, und ihre Stimme klang tränenerstickt, zum Glück, dachte sie, kann er mir jetzt nicht mehr in die Augen blicken. „Aber es muss doch irgendeinen Ort geben, den Sie vielleicht einmal gemeinsam besucht haben, der irgendwie mit Ihrer oder seiner Familie im Zusammenhang steht!" Kropfitsch wurde ungeduldig, er hatte den Eindruck, keinen Zentimeter weiterzukommen. „Was meinen Sie? Die Eltern? Meine oder seine? Die haben wir …" Kropfitsch unterbrach sie: „Nein, das meine ich nicht, dort haben wir uns schon erkundigt, dort ist er nicht!" Dann zog er plötzlich ein zusammengefaltetes Blatt Papier aus seiner Sakkotasche und breitete es vor ihr auf dem Tisch aus: „Schauen Sie sich das an, sagt Ihnen das irgendetwas?" Jasmin blickte auf eine Ansammlung von Strichen, auf die sie sich beim ersten Hinschauen absolut keinen Reim machen konnte. Das Ganze kam ihr vor wie eine Kinderzeichnung: mit Bleistift gezogene Linien, die ziemlich ziellos kreuz und quer über die ganze Seite verliefen. Nur ein Objekt, wenn es denn ein solches war, kam ihr bekannt vor – es sah dem Doppelturm einer Kirche ähnlich. Und das einzige Gebäude in dieser Form, das sie schon mehrmals gesehen hatte, war die Wehrkirche in Diex. „Wo haben Sie das her?", fragte sie, ohne preiszugeben, dass sie nahe dran war, sich in diesem Labyrinth zurechtzufinden. „Das geht Sie nichts an", erwiderte Kropfitsch viel zu unwirsch, um gleich zu erkennen, dass er auf diese Art sicher nichts herausfinden würde. „Entschuldigen Sie, ich habe das nicht so gemeint. Hier", und er zeigte mit dem Finger genau auf den Doppelturm, „das könnte doch ein sakrales Gebäude sein, es sieht am ehesten wie eine Kirche aus, meinen Sie nicht auch?" Jasmin sah sich ein wenig in die Enge getrieben, gleichzeitig schien es ihr nicht verräterisch, zuzugeben, dass er recht haben könnte. „Na ja, das kann schon sein, außer es ist etwas von Kinderhand." Kropfitsch nahm das Papier wieder an sich, faltete es zusammen und steckte es ein. Danach schien er es plötzlich eilig zu haben, er bedeutete dem Kellner, die Rechnung zu bringen, zahlte, schüttelte Jasmin die Hand und entfernte sich Richtung Parkplatz.

Von: straggerst@aon.at
An: jasmin.koepperl@gmx.at

So viel hatten sie sich von diesem Landeshauptmann erwartet. Marko Batović erinnerte sich noch gut an die Bootsfahrt im Sommer: Haider hatte die Investition für das Hafenprojekt zugesagt – ein bisschen überdimensioniert war es schon, mit dem Jachthafen, dem Outdoor und Indoor Swimmingpool, den Luxusappartements, dem Hotelkomplex, doch nur auf den Plänen, schließlich sollte ja auch gutes Geld für alle Beteiligten herausschauen (und damit waren nicht unbedingt das Architekturbüro und die Baufirmen gemeint). Als die Vier-Länder-Bank, die Hausbank des Landeshauptmannes, die ersten 50 Millionen Euro überwiesen hatte, floss auch der vereinbarte Anteil wieder zurück. Allerdings nicht nach Kärnten, er wurde sofort auf ein Konto in Liechtenstein transferiert. Das überraschte Batović nicht. Er selbst, sein Chef, der Ministerpräsident, ja sogar Bogdan Milotović, der Präsident der kroatischen Reskro-Bank, sie alle hatten sich im Fürstentum gut abgesichert. Alles war lange Zeit wie am Schnürchen gelaufen, bis Haider plötzlich eines Tages anrief – Batović erinnerte sich gut, als wäre es erst gestern gewesen. Er habe Schwierigkeiten, der österreichische Rechnungshof habe einen Tipp von einem Insider aus dem Fürstentum bekommen, er, Haider, sei selbst vorgeladen worden und da würde das mit der Million auf einem – wenn auch anonymen – Liechtensteiner Konto gar nicht gut aussehen, sollten die Spezialisten vom Rechnungshof dahinterkommen.

Haider habe Anweisung gegeben, dass das Geld wieder rücküberwiesen und das Konto gelöscht werde. Doch er hatte zusätzlich Druck gemacht. Er wisse natürlich, dass auch die kroatische Seite sich nicht habe lumpen lassen und so müsse er verlangen, dass sein Name nirgends aufscheine: Zu groß wäre der Verdacht von Schmiergeldzahlungen, wenn herauskäme, dass er das Hafenprojekt in Istrien eingefädelt hatte.

Batović lehnte sich in seinem Bürosessel zurück, legte seine Beine auf den Schreibtisch und ließ den Bootsausflug mit Jörg Haider noch einmal vor seinem geistigen Auge ablaufen.

Wie sehr hatten sie damals gelacht, als Mitsić ihnen von seinem Bootsmanöver erzählte, durch das Haider fast von Bord geflogen wäre. Hätte er das geschafft, wären sie jetzt viele Sorgen los – aber hätten auch nichts kassiert. Das Ganze wäre als besonders unangenehmes Bootsunglück in die Geschichte eingegangen, aber diese Art von Unfällen passierte eben immer wieder. Zoran hätte sich vielleicht damit gerechtfertigt, dass er ein rasches Ausweichmanöver durchführen musste, sonst wäre er mit einem anderen Boot zusammengekracht. Und wenn es diese Art von Zeugen nicht gab, hätte man schon jemanden gefunden, der gegen gutes Geld geschworen hätte, dass es sonst zu einem Zusammenstoß gekommen wäre. Und als vor seinem geistigen Auge die beiden Boote aufeinander zurasten, fiel Batović plötzlich die Lösung ein: Zoran Mitsić! Der hatte sich in den vergangenen Monaten enorm bewährt, hatte auch schwierigste Aufgaben zur vollen Zufriedenheit gelöst – selbst seine ursprüngliche politische Einstellung störte mittlerweile niemanden mehr. Denn wie in einem kommunizierenden Gefäß hatte sich sein linkes Gefasel mit der Höhe seines Kontostandes verringert, nur sein Hass gegen wirklich rechtsextremes Gedankengut hatte darunter nicht gelitten, das ließ er seine Freunde immer wieder wissen. Und deshalb hatte sich auch an seiner Abneigung gegenüber Jörg Haider – davon war Batović ziemlich überzeugt – nichts geändert.

„Wir haben Probleme mit deinem Freund in Kärnten." Sie hatten ein Treffen im Maximir Park, beim mittleren der drei Teiche, vereinbart, Batović hatte den Chauffeur gebeten, ihn einfach beim Park-Eingang aussteigen zu lassen – in etwa einer halben Stunde, so ließ er den Fahrer wissen, würde er wieder zurück sein. Am Abend zuvor hatte es eine kleine, aber hochrangige Sitzung in jenem Konferenzraum des Regierungspalastes gegeben, von dem die eigenen Abhör-Spezialisten immer versicherten, dass dort absolut keine Wanzen zu finden seien. Das Gespräch hatte gar nicht lang gedauert: Für alle Beteiligten war klar gewesen, dass es so etwas wie einen Mordauftrag – noch dazu gegenüber einem ausländischen Politiker – nicht geben dürfe. Trotz der großen Gefahr, der sie sich ausgesetzt sahen. Denn würden sie selbst mit den Korruptionsvorwürfen konfrontiert werden, könnte das zum Sturz der Regierung oder zumindest des Regierungschefs führen – und das musste mit allen Mitteln verhindert werden. Batović hatte ihnen dann eine Lösung angeboten: Zoran Mitśić. Er sei ein verwegener Bursche, der zwar einen schmutzigen Job nicht selbst ausführen würde, der aber mehr als einmal angeboten habe, mit ausgesuchten Leuten zu Hilfe zu kommen, sollten seine Dienstgeber aus irgendwelchen Gründen in Schwierigkeiten geraten. Diese Männer würden auch vor einer Gewalttat nicht zurückschrecken. Man müsse nur, darüber war sich die Runde dann einig, Mitśić klarmachen, dass der Kärntner Landeshauptmann das Schicksal der kroatischen Regierung in den Händen habe, und damit auch das aller, die von dieser Regierung profitierten. Und Batović vergaß nicht zu erwähnen, dass Mitśić ohnehin schon so etwas wie eine tiefsitzende Grundabneigung gegen Jörg Haider habe, was die Sache sicher um einiges leichter machen würde.

„Was ist das für ein Problem?", fragte Zoran, spannte den Schirm auf und hielt ihn schützend über sich und seinen Gesprächspartner. Mittlerweile hatte es zu regnen begonnen, der schmale Weg war zwar noch einigermaßen trocken, weil sich die Äste der Bäume wie ein Tunneldach über sie spannten, doch zwischendurch tropfte es immer wieder von Blättern auf sie herunter. Im herbstlichen Park waren kaum andere

Spaziergänger zu sehen. Batović hatte sich vorgenommen, Zoran die Geschichte in homöopathischen Dosen zu verfüttern: Erst einmal sprach er vom Erpressungsversuch, der zum Sturz der Regierung führen könnte („… und dann sind wir alle dran, und wenn ich alle sage, meine ich uns alle und dich auch …"). Dann machte er eine Pause, um das eben Gesagte einsickern zu lassen. Batović blickte vorsichtig von der Seite in die rechte Hälfte von Zorans Gesicht – er glaubte durch die Schädelknochen, die Muskeln und die Haut quasi zusehen zu können, wie sein Partner die Erzählung verarbeitete.

Dann legte er ein Schäufelchen nach. Weil er wusste, wie sehr Zoran seine Heimat liebte und vor allem, wie großen Wert er darauf legte, dass das Küstengebiet rund um seine Stadt Poreč weiterhin öffentlich zugänglich war, berichtete er ihm, wie die Kärntner Vier-Länder-Bank („Dir brauche ich nicht zu erklären, wer wirklich dahinter steckt …") riesige Streifen an Meeresküste aufgekauft hätte, und das zu einem Spottpreis. Dann wurde alles umgewidmet und, tatarata, gleich war das Gebiet hundertmal so viel wert – wer beim anschließenden Verkauf mitgeschnitten habe, sei ja wohl klar. Batović machte wieder eine Pause. Mittlerweile waren sie schon fast um den ganzen See gegangen, der Regen war stärker geworden, die Bänke neben dem Weg waren alle nass und leer, bis auf eine, auf der ein Obdachloser mit seinem kärglichen Hab und Gut lag.

„Warum erzählst du mir das alles?", fragte Zoran, nachdem er wieder ein paar Minuten stumm neben Mirko Batović hergegangen war. „Nur so, ich weiß ja, dass du dich immer wieder nach dem Kärntner Landeshauptmann erkundigt hast, ich meine, immer wenn du etwas in der Zeitung gelesen und dann bei uns nachgefragt hast, wie denn das eine oder andere zu verstehen sei. Ich dachte nur, du würdest vielleicht …" Batović ließ den Satz unvollständig. Und Zoran fragte auch nicht nach.

Ein Motorboot mit einem Mann und einer Frau an Bord war am Steg vor der Villa Lido gelandet. Jasmin hatte Kropfitsch ums Hauseck verschwinden gesehen und war noch einen Moment sitzen geblieben. „Hoffentlich habe ich jetzt keinen Fehler gemacht", dachte sie, und hoffte, dass das mit den Kirchtürmen doch keine Bedeutung haben würde. Sicherheitshalber nahm sie das Handy aus der Handtasche und rief Franz Bugelnik an, um ihm mitzuteilen, was eben vorgefallen war. Der Kriminalkommissar klang nicht erbaut darüber, er brach das Gespräch rasch ab, nicht ohne Jasmin den dringenden Rat zu geben, in ihre Wohnung zurückzukehren.

Als Jasmin die Wohnungstür aufsperrte, lag am Boden ein Briefkuvert: jemand musste es unter dem Türspalt durchgeschoben haben. Sie bückte sich, nahm es an sich, sah, dass vorne nur ihr Name stand und auf der Rückseite zwei Initialen: K und B oder, so dachte sie, es könnte auch R und B sein. Sie zog ihren Mantel aus, ging in die Küche, nahm die Schere aus der Lade und schnitt das Kuvert auf. Sie hatte schon lange keinen Brief mehr bekommen und wenn, dann war er meist am Computer entstanden, früher hätte man gesagt, mit der Schreibmaschine heruntergetippt. Doch dieser Brief war mit der Hand geschrieben: „Liebe Jasmin, entschuldigen Sie, dass ich Sie mit Ihrem Vornamen anspreche. Aber seit ich Sie vor zwei Wochen bei der Pressekonferenz der ‚Wörthersee Schifffahrt' gesehen habe, komme ich nicht mehr von Ihnen los. Erlauben Sie mir, dass ich mich vorstelle …" Den Rest las Jasmin im Eiltempo: Da war von einem „lieblichen Gesichtsausdruck" die Rede, von der „angenehmen Stimme" und „blablabla …" Jasmin hatte bald eine Ahnung, worauf der Mann hinauswollte, und gegen Ende schrieb er dann auch „… treffen möchte …" Er deutete an, dass sie ihn vielleicht ohnehin gesehen hätte, er sei nämlich nicht geübt darin, andere Menschen zu verfolgen, schon gar nicht, wenn seine Liebe (hatte er tatsächlich „Liebe" geschrieben?) so unbändig sei. Die Unterschrift war zwar kaum leserlich, aber daneben hatte er, sozusagen als Erkennungszeichen, einen Hut gezeichnet, in dem eine Fasanfeder zu stecken schien. „Oh Gott", dachte Jasmin, „ein Stalker, das ist das letzte, was mir jetzt noch fehlt." Sie versuchte sich zurückzuerinnern, ob und wo sie diesen Mann einmal gesehen hatte. Ihr Gehirn arbeitete und arbeitete, hinter einem dicken Schleier erschien dann doch die Szene im Kaffeehaus – sie hatte damals ein wenig geistesabwesend aus dem großen Fenster geblickt und –, jetzt hatte sie es wieder deutlicher vor Augen, einen Mann mit Hut und Fasanfeder gesehen. Nur: an sein Gesicht konnte sie sich nicht erinnern, es war, als würde der Hut einfach über den Schultern dieses Unbekannten schweben. Jasmin dachte nach: Wie soll ich darauf reagieren? Sie hatte absolut keine Lust, sich mit diesem Mann zu treffen, im Moment schon gar nicht, und sollte mit Stefan wieder alles in Ordnung sein, dann, ja dann erst recht nicht. Aber sie hatte schon öfter Geschichten über Stalker gelesen, eine Kollegin hatte ihr einmal ihren ganz persönlichen Fall geschildert – der Mann hatte sie mit Briefen geradezu bombardiert und, schlimmer noch, irgendwie hatte er ihre Handy-Nummer in Erfahrung gebracht und sie dann auch noch am Telefon terrorisiert. Die Kollegin hatte die Polizei eingeschaltet und über eine Fangtaste war man dann auf den Mann gestoßen. Dass es ein Ex-Freund war, machte die Sache für sie auch nicht einfacher. Ohne Polizei werde ich das auch nicht schaffen, dachte Jasmin, obwohl: bis jetzt hatte er sich ohnehin noch ziemlich zivilisiert verhalten. Nein, doch keine Polizei, jedenfalls nicht in diesem Stadium.

Sie setzte sich an ihren Schreibtisch und schaltete den Computer ein. Im Eingangsfach ihres Mail-Accounts lag wieder ein längerer Text von Stefan Stragger. Sie öffnete und überflog das Mail, dann druckte sie es aus. Wieder hatte Stefan eine Szene in New York beschrieben, die ihr sehr bekannt vorkam.

Von: straggerst@aon.at
An: jasmin.koepperl@gmx.at
David war sprachlos: Acht Millionen Menschen lebten in New York, und er traf ausgerechnet auf jenen Mann – noch dazu einen, der gar nicht in New York lebte –, mit dem er sich seit Jahren intensiv beschäftigte und dessen vorzeitiges Ende er genau an diesem Wochenende herbeiführen wollte. Haider war guter Stimmung, das konnte David auch aus der Entfernung wahrnehmen: Sein Lachen übertönte sowohl die Kaufhaus-Musik als auch den Geräuschteppich, der von den anderen Kunden erzeugt wurde. David überlegte, ob ihn der Kärntner Landeshauptmann von seinem Washington-Besuch her wiedererkennen würde. Die Chance war gering, wäre Haider nicht bekannt dafür, ein phänomenales Personengedächtnis zu haben. David ging kein Risiko ein, er hielt sich in Deckung: Weitere Krawattenständer, Tische, auf denen Hemden hoch aufgetürmt lagen und meterweise hängende Anzüge boten genügend Schutz. Er beobachtete, wie sich die Gruppe um die „Sale"-Schilder scharte und sich gegenseitig das eine oder andere Stück zum Goutieren hinhielt. David pirschte sich näher heran – er wollte zumindest Gesprächsfetzen auffangen, sein Deutsch war gerade gut genug, um die notwendigsten Zusammenhänge zu erfassen. Die Konversation kreiste meist um das, was sie gerade in der Hand hielten „Pullover", „Krawatte" (David lernte damit ein neues Vokabel, den deutschen Ausdruck für „tie" kannte er nicht) – und weil soeben eine laute Gruppe von jungen Leuten beim Eingang hereinkam, von denen zwei mit schwedischen Fahnen drapiert waren, schwenkte die Unterhaltung sofort auf das Thema Marathon um. Haider erwähnte etwas von Apfelstrudel

und die anderen schienen dem begeistert zuzustimmen. David wusste natürlich, was sich dahinter versteckte, seine Großmutter hatte immer wieder diese köstliche österreichische Spezialität aufgetischt, wenn er zu Besuch kam. Aber was wollten sie damit sagen: Dass sie nach dem Marathon einen Apfelstrudel essen wollten, war ja nicht auszuschließen, doch wie viele Lokale in New York würden so eine Mehlspeise servieren? Da fiel ihm ein, dass er vor einiger Zeit in der „New York Times" einen Artikel über ein Lokal namens „Apfelstrudel" gelesen hatte – David machte sich gedanklich eine Notiz, im Hotel auf dem Laptop „Apfelstrudel" zu googeln. Wenn er herausfinden konnte, wo sie sich nach dem Rennen hinbegäben, würde das seine Arbeit um vieles erleichtern.

Inzwischen hatte sich die Gruppe vor der Kasse eingefunden, jeder der drei Männer hatte ein paar Kleidungsstücke in der Hand. David wusste im Moment nicht, wie er weitermachen sollte. Er sah kaum einen Sinn darin, wie ein Spion hinter der Gruppe durch die Straßen von New York zu ziehen, sich hinter jeder Ecke zu verstecken, um dann am Ende seinen Plan, der ja für den nächsten Tag vorgesehen war, ohnehin nicht umzusetzen. Doch aus den Augen verlieren wollte er sie auch nicht. Als sie Bloomingdale's verließen, ging er in einigem Respektabstand hinter ihnen her. Nach ein paar Häuserblöcken war ihm klar, dass sie keine Ahnung hatten, wo sie hinwollten. Immer wieder sahen sie auf einen Plan, den einer der drei in der Hand hielt, verglichen die Angaben mit der Straßenbezeichnung, schüttelten den Kopf und entschlossen sich dann, dorthin abzubiegen, wo sie gerade hergekommen waren. David war schon knapp dran, einfach auf sie zuzugehen und sie zu fragen, ob sie Hilfe bräuchten, aber das erschien ihm dann doch als zu großes Wagnis. Nach etwa einer Stunde, in der er mehr von der Upper East Side sah, als er je vorgehabt hatte, waren sie offenbar am Ziel: Das Hotel Lancaster war ihr Nachtquartier, sie verschwanden alle drei hinter der Drehtür. David beobachtete durch die großen Glasscheiben, wie sie sich die Schlüssel geben ließen und im Aufzug verschwanden. Auch er kehrte in sein Hotel zurück.

Am Gang vor seinem Hotelzimmer (2011) surrte ein Automat mit kalten Dosengetränken. Gute Idee, dachte David, nahm vier Quarter aus seiner Hosentasche und holte sich ein Cola Light. Im Zimmer schaltete er gleich seinen Laptop ein, doch als er nach dem Code für seinen Internet-Zugang gefragt wurde, konnte er den kleinen Zettel nicht finden, auf dem er die komplexe Zahlen-Buchstaben-Zahlen-Kombination notiert hatte, die er beim Einchecken von der Rezeptionistin bekommen hatte. Er suchte den ganzen Schreibtisch ab, griff in seine Hosen- und Sakkotaschen, sah im Papierkorb nach, blickte aufs Nachtkästchen und sah dort die Bibel liegen. Da fiel ihm ein, dass er den Zettel als Lesezeichen verwendet hatte – und tatsächlich, aus dem Büchlein blickte ein halber Zentimeter eines weißen Streifens heraus, mit einem raschen Griff zog er es heraus, nicht ohne vorher die am Nachmittag markierte Seite mit einem Eselsohr zu versehen.

Er googelte „New York" und „Apfelstrudel" – Tausende Eintragungen waren das Resultat. Da gab es ein Rezept nach dem anderen, sogar Youtube-Videos mit genauen Anleitungen, „one of my all time favorite apfelstrudel" „Wolfgangs Apfelstrudel" (er klickte kurz rein, es war ein Rezept von Wolfgang Puck, David wusste, dass das der berühmte Österreicher war, der in der Oscar-Nacht immer für die prominentesten Schauspieler aufkochte), dann fand er eine Eintragung „Restaurant Heidelberg" auf der Second Avenue, die ebenfalls mit ihrem besonderen Apfelstrudel lockte. Das könnte natürlich der Ort sein, von dem Haider und seine zwei Begleiter gesprochen haben, dachte David, und erinnerte sich, dass er einmal mit seiner Großmutter in diesem Lokal gewesen war: Es existierte schon seit einer Ewigkeit, in dieser Gegend waren früher die meis-

ten Deutschen in New York angesiedelt, ganz in der Nähe war auch der Laden von „Schaller und Weber", wo ihm Großmutter ein Päckchen Mannerschnitten gekauft hatte. Während sich David im Geiste den Geschmack der Haselnussschnitten auf der Zunge zergehen ließ, sah er eine weitere Eintragung: „Café Apfelstrudl – Austrian specialties, Goulash, Wiener Schnitzel." Das musste es sein, da war David sicher, Haider würde doch lieber in ein authentisch österreichisches Lokal gehen statt in ein deutsches …

Er blickte auf die Uhr: Es war knapp nach sieben Uhr Abend, sein Magen knurrte. Er schrieb die Adresse auf den Notizblock, den das Hotel freundlicherweise zur Verfügung gestellt hatte, und machte sich auf den Weg. Die Lexington Avenue war vollgestopft mit gelben Taxis: Die meisten waren besetzt, einige hatten die „off duty"-Lichter eingeschaltet, was David darin bestärkte, zu Fuß zu gehen: Fünfzehn Straßen Richtung Norden, zwei Avenues musste er queren, in einer halben Stunde würde er es leicht schaffen. Er kreuzte die Third Avenue auf der 60. Straße und ging stadtauswärts weiter. Schräg gegenüber lockte ein „Gristedes", der fast eine ganze Häuserfront einnahm, mit allerlei Sonderangeboten aus dem Lebensmittelbereich. David war geneigt, hinüberzugehen, um mit einem Apfel oder einer Banane den schlimmsten Hunger zu stillen, entschied sich dann aber doch dagegen – er wollte schließlich im „Apfelstrudl" ein ausgiebiges Abendessen genießen. Was, wenn sich Jörg Haider ebenfalls entschieden hatte, dort zu speisen?, schoss es ihm kurz durch den Kopf, doch dann verwarf er den Gedanken wieder: Zweimal würden sie sich nicht per Zufall treffen, davon war er überzeugt.

Am Ende schien es so, als bestünde die Stadt nur aus Restaurants. David hatte schon die 85. Straße auf der Second Avenue überquert, sein Hunger war durch den Spaziergang nicht kleiner geworden. Endlich stolperte er nicht wieder über irgendein

Dinner-Special, sondern blickte in einen Laden, der Betten, Tische und Schränke, alle aus Holz, feilbot. Er blieb einen Moment stehen und überlegte, ob er vielleicht eine Küche aus diesem wunderbaren Naturprodukt machen lassen sollte. Er hatte ja Eleanor schon lange versprochen, dass die Renovierung des Hauses in der Küche beginnen würde, aber dieses nackte, unbehandelte Holz, das im Schauraum ausgestellt war, würde ihr vielleicht doch nicht gefallen. David setzte sich wieder in Bewegung, zwei Lokale weiter war er am Ziel. 1654 Second Avenue, das musste es sein: Und der Blick durchs Fenster überzeugte ihn auch. Einige Tische waren frei, an den anderen saßen zwei Männer, ein Mann und eine Frau, eine – so schien es – Familie mit drei Kindern. Er trat ein.

„*Nur für Sie?" Er bejahte und die Kellnerin führte ihn an den Tisch am hinteren Ende des Raums. David hatte nur kurz Zeit, einen Blick in die Vitrine zu werfen, in der unterschiedlichste Mehlspeisen lockten. Es reichte, um seinen Mund wässrig werden zu lassen, doch noch musste er etwas warten. Er warf einen Blick in die Runde: Das große Foto mit Luciano Pavarotti und einer zarten Frau, das gleich neben seinem Tisch an der Wand hing, stach ihm sofort ins Auge. Es sah aus, als würde damit ein Diätprodukt beworben: „So (links) sehen Sie aus, wenn sie ungebremst in sich hinein löffeln, oder so (rechts), wenn Sie die Schlankheitspillen nehmen." An den Wänden aus rauen Backsteinen hing allerlei Schnickschnack. Sieht so der Raum aus, dachte er plötzlich, wo der Mann, der darauf hinarbeitete, Europa ins Unglück zu führen, sein letztes Abendmahl einnehmen wird?*

David nahm die Speisekarte und blätterte. Er hatte schon ewig kein Wiener Schnitzel mehr gegessen, es musste 1986, damals bei der Reise mit den Großeltern nach Wien gewesen sein, dass er diese österreichische Nationalspeise schätzen gelernt hatte. Und jetzt würde er einen Salat dazu bestellen, nur für die Auswahl der Nachspeise wollte er sich noch etwas Zeit lassen.

Jasmin ging zum Bücherregal, nahm drei Fotoalben heraus und setzte sich an den Couchtisch: Gemeinsam mit Stefan hatten sie die USA-Reise genau dokumentiert, Manhattan mit seinen Wolkenkratzern gab unendlich viele Motive her, aber sie hatten auch sonst überall fotografiert. Die Fotos waren digital aufgenommen worden, doch Jasmin wollte von den besten Aufnahmen auch Abzüge haben, die hatte sie dann in mehrere Alben geklebt. Die Geschichte mit dem Apfelstrudel, die sie eben gelesen hatte, kam ihr sehr bekannt vor. Sie blätterte im Fotobuch, das mit „New York" überschrieben war, und schon auf der dritten Seite stach ihr das Bild in die Augen: ein kleines Geschäftsportal, durch dessen großes Glasfenster rote Neonbuchstaben das Wort „Apfelstrudl" bildeten. Auf einem anderen Foto sah man sie an einem runden, blauen Tisch sitzen: Sie erinnerte sich, dass sie ein Gast gefragt hatte, ob sie gerne eine gemeinsame Erinnerung an ihren Besuch hätten. Sie hatte auch die Kühlvitrine fotografiert: Diese war voll mit Torten und Mehlspeisen, einiges war direkt aus Österreich importiert: Kokoskuppeln lagen auf einem Teller, und sogar Almdudler konnte man dort kaufen. Und schließlich noch ein weiteres Bild: Da sah man das ganze Lokal und im Hintergrund ein großes Foto, auf dem Luciano Pavarotti zu sehen war, neben ihm – seine Körperfülle hatte kaum Platz für eine andere Person gelassen – eine zarte, junge Frau. Das war doch … natürlich, jetzt erkannte sie sie wieder, die Besitzerin des Restaurants, sie nannte sich, Jasmin dachte angestrengt nach, es war ein eher altmodischer Name, da fiel es ihr ein: Franziska. Aus der Steiermark. Sie hatte sich im Laufe des Abends zu ihnen an den Tisch gesetzt und natürlich hatten sie sie gleich gefragt, wie sie dazu kam, in New York ein Esslokal zu eröffnen, wo es doch wirklich keinen Mangel an Restaurants gab. An die genauen Details erinnerte sich Jasmin nicht, irgendetwas von einem elterlichen Gasthaus hatte sie erzählt, und dass sie sich einfach noch zu jung gefühlt hatte, den Rest ihres Lebens in der Provinz zu verbringen. Abenteuerlust, etwas ganz Verrücktes zu machen, das war es wohl.

Jasmin hielt inne: genau das, was sie sich immer vorgenommen, aber nie umgesetzt hatte. Nach dem Studium wollte sie auch ins Ausland, selbst wenn es nur eine Au-pair-Stelle gewesen wäre. Doch in jenem Sommer erkrankte ihre Mutter, musste sich im Krankenhaus einer Operation unterziehen, und da war ans Wegfahren nicht zu denken. Sie wurde als Praktikantin bei der „Kleinen Zeitung" aufgenommen, der Rest war Geschichte. Natürlich konnte sie dann später – wenn auch nur in seltenen Fällen – auch dienstlich ins Ausland, doch meist nur, um einen österreichischen Politiker auf seiner Dienstreise zu begleiten. Einmal, so erinnerte sie sich, war sie mit dem Kärntner Landeshauptmann nach Ljubljana gereist, Haider hatte dort persönlich Unterlagen über Kindermorde im Erzherzogtum Krain im 17. Jahrhundert übergeben. Es war ihre erste große Geschichte, Haider war in Slowenien kein wirklich gern gesehener Gast, schließlich stand die Lösung der zweisprachigen Ortstafeln immer noch wie ein Relikt des Kalten Krieges zwischen den beiden Ländern.

Jasmin schlug das Album zu. Immer deutlicher wurde ihr bewusst, dass ihre Reise mit Stefan nicht nur die Erfüllung eines lang gehegten Traumes gewesen war, sondern von ihm offenbar bewusst so angelegt, dass er für seine Story, die nun stückweise bei ihr landete, authentische Informationen sammeln konnte.

Von: straggerst@aon.at
An: jasmin.koepperl@gmx.at

Andrej und Slavko tranken auf der Terrasse des Café Roko in Osijek einen kleinen Schwarzen. Sie hatten schon bessere Zeiten erlebt, gemeinsam, aber auch getrennt. Ihr Geburtsort war Laslovo, nur wenige Kilometer entfernt, dort waren sie auch aufgewachsen, ihre Freundschaft reichte lange zurück. Die Häuser ihrer Eltern waren nur durch einen Zaun voneinander getrennt, für die beiden war der freilich kein Hindernis. Schon als Dreijährige hatten sie sich einen Durchgang verschafft, in der Volksschule saßen sie in derselben Bank, und auch die Oberschule besuchten sie gemeinsam. Dann kam der Krieg, beide hatten sich bei der Miliz als Freiwillige gemeldet. Sie konnten nicht ahnen, dass sie bald danach in die brutalsten Kämpfe verwickelt werden sollten: Die Serben schossen auf alles, was ihnen kroatisch erschien, und umgekehrt war es nicht viel anders: Frauen und Kinder waren die einzigen, die verschont blieben, doch sie mussten oft mit ansehen, wie die Männer des Dorfes verschleppt und später erschossen aufgefunden wurden. Als der Krieg endlich vorüber war, die beiden Freunde wie viele Gleichaltrige ohne wirkliche Ausbildung dastanden, halfen sie beim Wiederaufbau der schwer beschädigten Häuser und der Infrastruktur. Dann fand Andrej eine wenn auch nicht übermäßig gut bezahlte Arbeit in einer Baufirma, Slavko jobbte in einer Gärtnerei. Nach der Arbeit gönnten sie sich gelegentlich gemeinsam einen Kaffee, wenn es später wurde, durfte schon der eine oder andere Slivovitz den Abend verkürzen. Viel spielte sich in dieser engen Gasse nicht ab, wenn einmal eine hübsche Frau vorbeiging, boten beide ihren gesamten Charme auf, um sie auf sich aufmerksam zu machen.

Mit Frauen sah es heute nicht besonders gut aus, lediglich ein außergewöhnlich gut gekleideter Mann setzte sich an den Nebentisch und verwickelte sie nach wenigen Minuten in ein

Gespräch. Er fiel nicht nur durch sein blütenweißes Hemd, die eng geschnittene Hose und die italienischen Mokassins auf, noch auffälliger war der neue Audi A8, aus dem er kurz zuvor ausgestiegen war. Zoran Mitśić hatte sich in der Hierarchie nach oben gearbeitet, durch seine Tätigkeit als Kapitän auf der "Madeleine" hatte er das Vertrauen vieler korrupter kroatischer Karrieristen erobert. Zoran war von Poreč nach Zagreb übersiedelt, er machte dort immer wieder Botenfahrten für seine Kunden, seine Diskretion wurde ebenso geschätzt wie seine Intelligenz, langsam wurde er mit immer kniffligeren Aufgaben betraut.

Zoran Mitśić hatte ein gutes Auge für Leute, die er für sein nächstes Geschäft brauchen konnte: Sie durften nicht zu jung sein, die Lust am Abenteuer sollte ihnen aus den Augen leuchten und finanziell durften sie auch nicht wirklich gut dastehen – man musste sie mit einem verlockenden Angebot jederzeit umpolen können. Nachdem er Andrej und Slavko zu einem Glas Wein eingeladen hatte und jeder von ihnen freimütig erzählte, was er im Leben alles getan und versäumt hatte und dabei der Krieg und ihr Umgang mit Waffen eine wichtige Rolle spielten, fragte er sie, ob sie interessiert wären, etwas mehr zu verdienen. Er könne im Moment nicht ins Detail gehen, sagte Zoran, aber am Geld würde es nicht scheitern. Die Methode hatte Zoran schon öfter angewendet: Mit dem Hinweis, auf die Toilette zu müssen, entschuldigte er sich für wenige Minuten und ließ so seinen Gesprächspartnern etwas Zeit, über den – zugegeben nur vage beschriebenen – Vorschlag nachzudenken. Natürlich waren sie von der Möglichkeit, endlich einmal reich zu werden, sehr angetan ("Wie sagte Zoran, am Geld sollte es nicht scheitern – aber was heißt das jetzt wirklich?", fragte Slavko, ohne sich darauf eine Antwort zu erwarten), doch die Katze im Sack wollten sie nicht kaufen. Darüber waren sie sich einig. Als Zoran zurückkam, bedrängten sie ihn, ihnen mehr über diesen geplanten Einsatz zu erzählen. Doch außer der Information, dass höchste Kreise größtes Interesse an der Durchführung des Planes hätten, konnte und wollte er nichts preisgeben. Wenn ihnen das vorerst genüge, dann, so schlug er vor, sollten sie noch eine Nacht darüber schlafen. Am nächsten Tag würden sie um 18 Uhr an der Nordost-Ecke am Park bei der Europska Avenija von seinem schwarzen Audi A8 abgeholt, danach werde man die Einzelheiten des Auftrags besprechen. Dann verabschiedete sich Zoran.

Es wurde eine lange Nacht im Café: Das Gespräch, das Andrej und Slavko führten, drehte sich im Wesentlichen im Kreis. Die Verlockung war riesengroß, das war beiden klar, doch ohne zu wissen, was auf dem Spiel stand, konnten sie schwer Ja sagen. Andrej schien der Zuversichtlichere zu sein, oder der Abenteuerlustigere, in jedem Fall aber derjenige, der eher geneigt war, das Wagnis einzugehen. Am Ende, es musste schon knapp nach Mitternacht gewesen sein – sie hatten das Angebot Zorans, ihnen auch ein Abendessen zu bezahlen, gerne angenommen, Wein und Schnaps waren in Mengen geflossen, aber sie waren schließlich geeichte Trinker –, gingen sie nach Hause. Sie vereinbarten, nichts zu vereinbaren: Morgen um 18 Uhr würden sie sich entweder beim Park treffen – oder eben nicht.

Das Leder im Audi A8 duftete, als wäre das Rind erst vor wenigen Tagen gehäutet worden. Andrej und Slavko saßen auf den Rücksitzen, Zoran war am Steuer. Sie waren schon eine Stunde unterwegs, und doch hatten sie bis dahin kaum miteinander gesprochen. Zoran war erfreut gewesen, als er die beiden am Treffpunkt stehen sah – es gab ihm das Gefühl, dass seine Menschenkenntnis nichts an Qualität verloren hatte.

Irgendwann, es musste eine weitere halbe Stunde vergangen sein, konnte sich Slavko nicht mehr zurückhalten: „Kannst du uns wenigstens sagen, wohin die Reise geht?" „Habt ihr es *unbequem da hinten?"*, antwortete Zoran mit einem Lächeln und versuchte mit einem Blick in den Rückspiegel, in die Gesichter der beiden zu sehen. *"Nein, keineswegs, von mir aus kann es noch einige Zeit so weitergehen – aber wir wollen trotzdem wissen, wo wir landen."* Andrej hatte sich mit dieser Bemerkung etwas aufgerichtet und zur Mitte gelehnt, sodass Zoran ihn nun im Spiegel deutlich erkennen konnte. Einmal muss ich es ihnen ja doch sagen, dachte er. *"Wir fahren nach Kärnten. Wir müssen dort einen Unfall vortäuschen. Keine schwierige Aufgabe, und keine Sorge, niemand wird euch sehen, alles passiert mitten in der Nacht – ein paar Minuten, und alles ist vorbei."* Andrej und Slavko drehten einander die Gesichter zu – viel konnten sie aus ihnen nicht ablesen, erst als im Moment darauf der Scheinwerfer eines entgegenkommenden Fahrzeugs den Innenraum des Audi erhellte, sahen sie einander mit weit aufgerissenen Pupillen an.

Franz Bugelnik stand an der roten Ampel in der Rosentaler Straße, in Gedanken versunken. Der alte Mann, Stefan Straggers Vater, hatte keinen klaren Satz hervorgebracht, doch das mit der „kleinen Hütte in Grafenbach" ließ ihn jetzt nicht mehr los. Er wusste von seinem eigenen Vater: Auch wenn Alzheimer-Kranke keiner Konversation mehr folgen konnten, ihr Langzeitgedächtnis funktionierte immer noch. Einmal hatte ihn sein Vater, er lag damals schon seit Monaten im Pflegeheim, wieder mit dem Namen seines Bruders angesprochen: „Fritz", hatte er ihn genannt, „Fritz, ich muss dir etwas sagen." Seine Stimme war schon ganz schwach und zittrig, Franz musste sich ganz nah zu ihm herunterbeugen. „Ich hatte einmal ein Verhältnis mit einer jungen Frau, neben der Mama. Und da gab es ein Kind. Das Mädel ist gestorben, als es fünf Jahre alt war." Es hupte hinter ihm, Bugelnik gab Gas und fuhr Richtung Kommissariat. Er hatte bis heute nicht herausgefunden, ob diese Geschichte auf Wahrheit beruhte, auch wenn er damals ziemlich sicher war, dass sein Vater das nicht erzählt hätte, wäre es nicht tatsächlich so vorgefallen.

Bugelniks Gedanken kamen wieder zu Stefan Straggers Vater zurück: Würde es Sinn machen, jetzt nach Grafenbach zu fahren und dort ziellos herumzusuchen, oder gab es eine andere Möglichkeit herauszufinden, wo sich diese Hütte befand? So viel war ihm bewusst: Wenn es diese Hütte tatsächlich gab, dann bestünde immerhin die Möglichkeit, dass sie auf dem Grundstückskataster eingezeichnet war. Grafenbach, soviel erinnerte er sich von dem einen oder anderen Ausflug, den er in diese Gegend gemacht hatte, bestand nur aus wenigen Häusern. Dort müsste auch noch irgendjemand Bescheid wissen, ob und wo der alte Stragger eine Hütte gehabt hatte. Bugelnik beschloss, doch erst ins Büro zu fahren und sich bei der „Kagis", dem Kärntner Atlas der Landesregierung, einzuloggen.

Er war immer wieder verblüfft, in welch guter Qualität die Bilder der „Kagis" am Computer aufschienen. Google Maps gab seine Satellitenbilder aus unerfindlichen Gründen östlich von Klagenfurt nicht mehr hochauflösend wieder, da waren dann keine Details mehr zu erkennen. Doch die Kärntner Landesregierung bot mit „Kagis" eine andere Methode an, bei der zusätzlich auch die Grundstücksgrenzen über den Echtbildern eingezeichnet waren. Nachdem er sich bei „Kagis" eingeloggt hatte, schien nach einigen Klicks Diex auf seinem Computer auf, Grafenbach war nur wenige Kilometer davon entfernt. Er schob die Karte so lange über den Bildschirm, bis er bei Grafenbach angelangt war. Dann zoomte er so weit es ging hinein. Er erkannte die Kirche, das Gasthaus, in dem er sich einmal nach einem längeren Spaziergang ein Bier und eine Brettljause gegönnt hatte, doch mehr als diese beiden signifikanten Fixpunkte war ihm nicht vertraut. Er verfolgte eine Straße, sah, dass sie in einen Wald führte, aus diesem wieder hinaus, danach gab es das eine oder andere Haus, dann wieder ein kleines Waldstück, knapp davor teilte sich der Weg, dann sah er in einer weiteren Lichtung ein kleines Haus, oder jedenfalls eine Nummer, es war die 74, die ein Gemäuer abdeckte. Er klickte die Nummer an, in der Hoffnung, sie würde ihm Aufschluss geben, was sich dahinter verbarg, oder sie würde verschwinden, doch nichts geschah. Franz Bugelnik vergrößerte den Ausschnitt, er wollte sich ein besseres Bild von der Gegend machen, da kam ihm plötzlich noch etwas in den Sinn: Wenn Jasmin Köpperl jeden Tag, oder zumindest immer wieder, E-Mails von Stefan Stragger erhielt, dann musste er irgendwie Zugang zum Internet haben. Das war in dieser Hütte – wenn es überhaupt die richtige war – mit ziemlicher Sicherheit auszuschließen. Nicht einmal ein Mitarbeiter des Heeresnachrichtenamtes könnte die Post überreden, ihm in dieser Einöde ein Kabel zu legen, mit dem … oder er schickte die Mails übers Handy bzw. einen USB-Stick, der wie ein Telefon funktionierte. Selbst das erschien Bugelnik nun unwahrscheinlich. Er wusste, dass es Gebiete in Kärnten gab, die so abgelegen waren, dass dort nicht einmal Handys funktionierten. Doch das war alles Spekulation. Bugelnik beschloss, die Karte auszudrucken und sich selbst auf die Suche nach dieser ominösen Hütte zu machen.

Von: straggerst@aon.at
An: jasmin.koepperl@gmx.at

Es war ein Hindernislauf. David hatte den Marathon in New York zwar schon oft auf dem Bildschirm verfolgt, aber er war an einem solchen Tag noch nie in der Stadt gewesen. Ein paar Häuserzeilen vom Hotel entfernt stieß er auf die ersten Barrikaden. „Police Line – Do Not Cross": Auf jeder der blauen Holzabsperrungen stand geschrieben, was absolut verboten war: darunter durch oder oben drüber zu steigen, sie beiseite zu schieben oder sie auf andere Art zu missachten. Es war gegen Mittag und Zigtausende Menschen säumten die Straßen, um den führenden Läufern zuzujubeln. David blickte auf die Uhr: Wenn jetzt die schnellsten vorbeikämen, dann würde es noch mindestens zwei Stunden dauern, bis Jörg Haider im Ziel einlief. Danach würde sicher noch eine weitere Stunde vergehen, bis er im „Apfelstrudl" auftauchte. David blickte auf die Gruppe, die gerade keuchend und schwitzend an ihm vorbeilief. Überall lagen leere Pappbecher, schräg gegenüber sah er ein paar Freiwillige, die ihre Hände ausstreckten und den Läufern Wasser hinhielten. In der „New York Times" hatte er gelesen, dass über 6000 ehrenamtliche Helfer am Marathon beteiligt waren, und über zwei Millionen dieser kleinen Papierbecher am Ende im Müll landeten. Und noch eine Zahl war ihm in Erinnerung: 1500 provisorische Toiletten wurden an dem Tag aufgestellt, damit die, die es nicht so, aber dann doch eilig hatten, ihr Geschäft verrichten konnten. Immerhin, von den 39.000 Läufern gab es ja Zigtausende, die nur ihren persönlichen Rekord verbessern wollten, aber – außer vielleicht Haider und ein paar andere Prominente – nicht in der Zeitung landeten.

David beschloss, die Zeit zu nützen und noch einmal zu Bloomingdale's zu gehen. Er hatte sich ja schon am Vortag vorgenommen, Eleanor ein Parfum oder etwas Ähnliches mitzubringen, jetzt gab es dafür eine gute Gelegenheit.

Eine Stunde später war er wieder in seinem Hotelzimmer, legte die große braune Papiertasche mit seinen Einkäufen auf das Doppelbett – er hatte nicht widerstehen können und sich auch noch ein paar Schuhe gekauft, die gerade um 30 Prozent verbilligt, aber immer noch teuer genug waren – und ging zum Kleiderschrank. Darin war ein Nummernsafe untergebracht, David drehte am Schloss: 3, 17, 27 und öffnete die Tür. Er griff hinein und nahm das kleine braune Fläschchen an sich, das er aus Washington mitgebracht hatte. In der Flüssigkeit befand sich aufgelöstes Rizin, das ihm ein Kollege aus dem FBI besorgt hatte. Er betrachtete es als besondere Ironie des Schicksals, das dieses hochtoxische Gift ausgerechnet aus den Beständen jener rechtsextremen, regierungsfeindlichen Gruppe in Minnesota stammte, die dieses Rizin dazu verwenden hatte wollen, einen Anschlag auf die amerikanische Bundespolizei zu verüben. Sie waren damals gerade noch rechtzeitig entlarvt und festgenommen worden. David holte aus dem Badezimmer ein paar Blätter Toilettenpapier, wickelte das Fläschchen darin ein und steckte es in die Hosentasche. Noch einmal lief vor seinen Augen wie ein Film jenes Szenario ab, das er sich im „Apfelstrudl" umzusetzen vorgenommen hatte: Irgendwie musste es ihm gelingen, dieses Gift gerade in jenes Glas zu leeren, das Haider dann trinken würde – und dass er durstig sein würde, daran war ja bei so einem Rennen nicht zu zweifeln. Wenn es gar nicht anders ginge, dann würde er sich auch zu ihm an den Tisch setzen, auch das hatte er im Geist schon durchgespielt: In dieser Situation wäre es dann sogar von Vorteil, wenn ihn der Landeshauptmann wiedererkennen würde.

Zum Glück war die Second Avenue Marathon-frei – es war schon schwierig genug, jene Stelle zu finden, an der das Überqueren der Third Avenue gestattet war. Bei der 72. Straße, die keine Einbahn war und daher eine wichtige Arterie im Ost-West-Verkehr von Manhattan, wurden immer wieder zumin-

dest Fußgänger durchgelassen. Langsam näherte sich David dem Ziel. Gerade als er in die Auslagenscheibe eines Pizza-Restaurants blickte, sah er im Spiegel zwei Männer, die immer näher kamen. Im ersten Augenblick dachte David, sie würden ins Restaurant gehen, doch als er sich umdrehte, standen sie schon links und rechts neben ihm: Einer war Peter, den anderen kannte er nicht. „Bleib ruhig, sag nichts, komm mit!" Beide ergriffen unsanft seine Oberarme und schoben ihn in einen Wagen, der in zweiter Spur stehengeblieben war. Noch ehe David etwas sagen konnte, saß er schon im Wagen und blickte durch die stark getönten Scheiben nach draußen. „Ich weiß genau, was du wolltest", sagte Peter, „und es ehrt dich, dass du es allein durchziehen wolltest. Aber wir – ich meine die USA –, wir machen das nicht mehr. Wir bringen dich jetzt in dein Hotel, du packst deine Sachen und dann fahren wir nach Washington."

Franz Bugelnik hatte ein ungutes Gefühl, oder war es einfach sein kriminalistisches Gespür? Jedenfalls hatte er drei seiner Kollegen gebeten, hinter ihm her zu fahren. Viel hatte er ihnen nicht mitgeteilt: Es gehe um einen Einsatz in rund 1000 Meter Seehöhe, in der Nähe von Diex, und es könne genauso gut sein, dass sie schon nach einer halben Stunde unverrichteter Dinge wieder zurückfahren würden. Doch es sei auch nicht auszuschließen, dass sie dort einen Mann aus einer gefährlichen Lage befreien müssten.

Diex war nicht umsonst als Sonnenort bekannt: Als sich die kleine Gruppe durch den nebligen Waldweg nach oben schlängelte, brach unvermittelt die Sonne durch und die alte Wehrkirche mit den zwei Türmen stach wie zwei erhobene Zeigefinger aus dem Ortskern heraus. Bugelnik war früher öfter hierher gefahren, in das Landgasthaus, das überdurchschnittlich gute Qualität geboten hatte. Doch irgendwann einmal waren Vater und Sohn in einen Streit geraten, der Vater konnte nicht loslassen, und so verabschiedete sich der Junior und das Restaurant wurde geschlossen. Jetzt fuhren sie daran vorbei, wenige Meter danach kamen sie zu einer Gabelung, nach Grafenbach ging es rechts ab. Ab hier musste sich Franz Bugelnik auf seine ausgedruckte Karte verlassen. Die Straße führte weiter nach oben, wieder durch einen Wald, dann am „Jauntalblick" vorbei – dieses Gasthaus verdiente tatsächlich seinen Namen: Von der Terrasse hatte man eine ungehinderte Aussicht, an nebelfreien Tagen in das Jauntal, heute über die dichte Nebeldecke bis zu den Karawanken. Wenn alles gut geht, dachte sich der Kommissar, können wir hier nachher vielleicht noch auf ein Gläschen gehen und den Erfolg feiern. Er würde Stefan Stragger und seine Kollegen einladen, zumindest auf die Getränke.

Mittlerweile waren sie an der Ortstafel von Grafenbach vorbei, links von ihnen ragte wieder ein Kirchturm über den Wiesenabhang hinaus. Über das Sprechfunkgerät hatte er seine Begleiter informiert, dass sie an der Kirche vorbeifahren würden, danach – Bugelnik blickte auf die Karte, die er auf dem Beifahrersitz ausgebreitet hatte – würden sie ein kurzes Stück einem Waldrand folgen, um schließlich nach zweihundert Metern wieder in einem Wald zu landen: „Wir müssen uns dort irgendwo unter den Bäumen hinstellen und die letzten 50 Meter zu Fuß gehen. Ich möchte kein Risiko eingehen. Gleich nach der Lichtung steht – laut meinem Plan – links eine kleine Hütte. Den Rest sage ich euch, wenn wir stehengeblieben sind." Ein schmaler Weg bog von der Landstraße ab und führte zwischen den Fichten tiefer in den Wald, Bugelnik fuhr so weit hinein, dass ihre Autos von der Straße aus nicht mehr zu sehen waren. Danach versammelte er seine Leute um sich: „Sie werden es ohnehin schon geahnt haben: Es geht um Stefan Stragger. Er könnte sich hier versteckt halten. Aber was unsere Aufgabe schwieriger macht – auch das HNA sucht nach ihm. Genauer Georg Kropfitsch. Wir müssen – und ich betone: wir müssen – Stragger unbedingt vor ihm finden und in Sicherheit bringen. Ich schließe nicht aus, dass Kropfitsch Stragger lieber tot als lebendig haben möchte." Aus dem ungewöhnlichen Umstand, dass Kropfitsch – niemand anderer kam dafür in Frage, schließlich hatte die Nachbarin die seltsame Szene von dem angeblich Betrunkenen geschildert, der von zwei Männern praktisch ins Haus geschliffen wurde – extra die Leiche von Stefan Straggers Bruder ins Auto gesetzt hatte, hatte Bugelnik sich eine eigene Theorie zurecht gelegt: Für die Behörden sollte Stefan, zumindest solange es funktionierte, als tot erscheinen. Damit würde Kropfitsch Zeit gewinnen, um nach ihm zu suchen und ihn zur Strecke zu bringen.

Sie beschlossen, nicht zurück zur Straße zu gehen, sondern sich parallel dazu im Schutz des Dickichts Richtung Hütte vorzuarbeiten. Bugelnik ging voran, zwei der Männer hatten leichte Maschinenpistolen umgehängt, der dritte hielt seine „Glock" in der Hand. Immer wieder blieben sie an den Stacheln der Brombeersträucher hängen, an dem einen oder anderen Ast waren sogar noch schwarze Früchte. Wenn sich Bugelnik von den Dornen befreien musste, pflückte er gelegentlich eine Beere und steckte sie in den Mund. Ein Platz zum Wiederkommen, dachte er, so gute Brombeeren hatte er schon lange nicht mehr gegessen. Der Wald wurde lichter, jetzt konnten sie auch schon die Umrisse eines kleinen Hauses sehen. Ein paar Schritte noch, dann … „Halt! Stehen bleiben!" Bugelnik wusste im ersten Moment nicht, woher diese Stimme kam. Einen Augenblick glaubte er, einer seiner Leute hätte gerufen, doch als er sich umdrehte, sah er die drei Begleiter flach auf der Erde liegen. „Keinen Schritt weiter!" Der Kommissar umklammerte seine Pistole, die noch im

Halfter steckte. Er blickte nach links, dann nach rechts: Jetzt sah er hinter einem dichten Strauch die Umrisse einer Figur. „Das ist mein Revier!", tönte es aus dem Busch. Seltsame Formulierung, dachte Bugelnik, der spricht wie ein Oberförster. Doch natürlich hatte er die Stimme erkannt, umso mehr, als er ohnehin darauf gefasst war. „Georg, du hast keine Chance mehr!", rief Bugelnik in den Busch. „Du brauchst dich um Stragger gar nicht bemühen, ich habe seine Beweise gegen dich." Kropfitsch richtete sich auf, hielt eine Pistole direkt auf Bugelnik. Unterdessen war einer von Bugelniks Männern im dichten Gestrüpp auf allen Vieren nach hinten gerobbt, hatte einen Bogen gemacht und sich so an Kropfitsch herangepirscht. Der senkte die Waffe: „Ich weiß nicht, wovon du sprichst. Stefan hat HNA-Interna verraten, Geheimnisverrat, mehr kann ich nicht sagen, doch das ist der Grund, warum ich ihn jetzt suche." Mit diesen Worten machte Kropfitsch ein paar Schritte auf Bugelnik zu und blieb dann wieder stehen. Jetzt trennten die beiden Männer nur noch wenige Meter. Bugelnik hatte wenig Zeit zu überlegen: Zwei, drei Sekunden und er steht neben mir. Entweder er lässt sich festnehmen oder es kommt zur Konfrontation. Er blickte Kropfitsch in die Augen. „Selbst wenn du mich jetzt erschießt, ich habe die Unterlagen, die Stragger in deinem Büro fotografiert hat, einem Anwalt übergeben. Mein Auftrag an ihn lautet, die Papiere sofort dem Staatsanwalt zu übergeben, wenn mir etwas passiert." Am unteren Rand seines Gesichtsfeldes sah er, wie sein Gegenüber in Zeitlupe die Waffe wieder nach oben zog. Aber anstatt dann in waagrechter Position zu bleiben, wo sie auf ihn hätte zielen können, ging die Hand mit der Pistole immer weiter nach oben. Wenn er jetzt abdrückt, durchfuhr es Bugelnik, wird er die Baumwipfel treffen. Doch der Arm bewegte sich weiter. Jetzt setzte Kropfitsch den Lauf an seinem Unterkiefer an, Bugelnik sah, wie sich sein Zeigefinger krümmte. Dann fiel ein Schuss, Blut spritzte in alle Richtungen, was nicht zu Boden fiel, blieb auf den Blättern hängen. Kropfitsch sackte in sich zusammen.

Von: straggerst@aon.at
An: jasmin.koepperl@gmx.at
Jakov blickte noch einmal auf den Koffer, der auf seinem Bett lag, dann klappte er ihn zu. Er war sicher, alles gut verstaut zu haben. Die zwei verschiedenen Sprengstoffarten hatte er in mehreren Tablettendöschen verpackt, die Metallteile, die er extra für das Lenkgestänge eines VW Phaeton angefertigt hatte, steckten in zwei Tennissocken. Diese zwei Stücke in die richtige Form zu bringen, war die schwierigste Arbeit gewesen – er hatte kein Muster zur Hand, nur die Skizzen aus dem Werkstattbuch. Daraus hatte er eine dreidimensionale Zeichnung gefertigt, die dann wiederum als Unterlage für eine Gipsform diente. Er hatte auch lange darüber nachgedacht, wie er die zwei Teile so miteinander verbinden könnte, dass sie – mit dem Sprengstoff, der ja auch noch Platz finden musste, und der elektronischen Fernsteuerung – am Lenkgestänge befestigt und dort auch dem Rütteln während der Fahrt standhalten würden. Auch die richtige Fernsteuerung hatte Jakov längere Zeit Sorgen gemacht: Er war mehrere Male in einem Spielzeuggeschäft gewesen, das auf Modellflugzeuge und Modellautos spezialisiert war, und es war ihm schon fast unangenehm, wie genau er sich die einzelnen Fabrikate ansah: Er konnte die Frage, für welches Modell er denn die Fernsteuerung benötige, nicht ehrlich beantworten und stotterte daher etwas von einem selbstgebastelten Motorrad, für das eben nur etwas ganz Spezielles passen würde. Erst bei seinem dritten Besuch im Geschäft – dabei hatte er schon fast das Gefühl, misstrauisch beäugt zu werden, schließlich war ja in Israel nie ganz auszuschließen, dass jemand damit eine Bombe zur Explosion bringen wollte – glaubte er, das richtige

Produkt gefunden zu haben. Es war klein genug, aber trotzdem leistungsstark, und das hieß in diesem Fall, dass die Fernsteuerung auch auf eine relativ große Entfernung funktionierte.

Jakov bestellte ein Taxi für 14 Uhr. Das Flugzeug nach Wien würde zwar erst um 18 Uhr abfliegen, aber er wollte sicher sein, genug Zeit zu haben. Von Jerusalem zum Flughafen nach Tel Aviv würde er keine Stunde brauchen, der Rest würde dann ohnehin mit Kontrolle, Warten und Kontrolle ausgefüllt sein. Mit obligater mediterraner Verspätung stand das Taxi ein paar Minuten nach 14 Uhr vor der Tür. Der Taxilenker bemühte sich nicht aus seinem Sitz und so hob Jakov den Koffer selbst in den Kofferraum. Dann setzte er sich neben den Fahrer, kontrollierte ein letztes Mal in seinem Rucksack, ob er wohl Reisepass und Ticket nicht vergessen hatte, und nannte den Zielort.

Die Fahrt zum Flughafen verlief die längste Zeit ohne Probleme. Gleich zu Beginn war zwar im Gegenverkehr ein relativ langer Stau entstanden, weil wieder einmal der Motor eines alten Mercedes bei der steilen Auffahrt nach Jerusalem zu kochen begonnen hatte, aber das behinderte sie kaum. Auf der Autobahn waren sie dann rasch vorangekommen, allmählich tauchten Wegweiser auf, in drei Sprachen, Hebräisch, Arabisch und Englisch, die auf die bevorstehende Abfahrt zum Flughafen Ben Gurion hinweisen. Bei der ersten Barrikade, einer Kontrolle, die zusätzlich durch eine unangenehme Querrille zum Schrittfahren zwang, wurden sie durchgewinkt. Taxis, so dachte Jakov, der schon mehrmals mit seinem eigenen Wagen zum Flughafen gefahren und dabei genauer kontrolliert worden war, haben eine seltsam privilegierte Stellung, so als könne von ihnen kein Schaden ausgehen. Bei der nächsten Kontrolle zeigte Jakov seinen Pass, auch der wurde für in Ordnung befunden, jedenfalls brauchte der Beamte keine Minute, um die beiden weiterfahren zu lassen.

Ben Gurion ist ein moderner Flughafen, die großzügige Ein-

gangshalle war dennoch immer überfüllt. Auffällig war die große Wasserfontäne, die Tag und Nacht feucht-kühle Flüssigkeit im Kreislauf versprühte und dennoch irgendwie im Gegensatz zur Toilette stand, wo auf dem Pissoir der Hinweis „Wasserfreie Spülung" die sich erleichternden Männer in ökologisches Staunen versetzte. Als Jakov durch die Eingangstür schritt und dabei wieder seinen Pass herzeigen musste, sah er schon Schlangen von Menschen bei allen größeren Fluglinien stehen. Auch der Schalter der Austrian Airlines war gut besucht, Jakov hatte jedoch Glück, er wurde zum Schalter der First Class gewunken, wo gerade niemand stand. Doch er war überrascht, dass er, nachdem er sein Ticket und seinen Pass vorgelegt hatte, nicht auch seinen Koffer auf das Förderband stellen durfte. Die Ground Hostess forderte ihn auf – Routine-Prozedur, sagte sie nur mit einem leicht gequälten Lächeln –, den Koffer zum Sicherheitscheck nur wenige Schritte entfernt zu bringen. Jakov sah sich um, entdeckte den riesigen metallenen Apparat, der ein Gepäckstück nach dem anderen auf einer Seite schluckte und auf der anderen wieder ausspuckte. Er trug den Koffer zu den Wartenden in der Reihe, nach einigen Minuten war es dann so weit: Er hob das Gepäckstück hoch und legte es in das geöffnete Maul des Röntgengeräts. Was kann man wohl in so einem Apparat entdecken?, dachte er sich, als er zur vorderen Öffnung schritt. Meine Tablettendöschen sind aus Plastik, und selbst die zwei Metallteile sehen relativ unverdächtig aus, jedenfalls nichts, mit dem man ein Flugzeug in die Luft jagen könnte – und das wird ja wohl das einzige sein, woran diese Leute interessiert sind. Jakov wartete, doch er sah, dass sich das kurze Band in der Maschine nicht bewegte, sein Koffer steckte in der Höhle des Löwen. Jakov machte einen Schritt zur Seite, um nachzusehen, was der Inspektor auf seinem Bildschirm so genau zu betrachten schien. Als der dann noch einen zweiten Beamten zu sich rief, ahnte Jakov schon Schlimmes. Aber er würde das gut erklären können. Die Fernsteuerung, so hatte er sich das ausgedacht, sei für einen Verwandten in Österreich, die „Medikamente" müsse er für sein Magenleiden nehmen („Ich hoffe, die zwingen mich nicht, davon einen Esslöffel zu schlucken") und die beiden Metallteile, nun, die seien erstens ohnehin harmlos und zweitens für ein Spezialfahrrad, das er bei seinen Verwandten in Wien stehen habe. „Herr Scherenbaum!" Jakov schrak zusammen. Er hatte nicht gehört, wie sich jemand von hinten an ihn herangepirscht hatte. „Herr Scherenbaum, ist das Ihr Koffer?" In diesem Augenblick war sein Gepäckstück am vorderen Ende des Röntgengeräts angekommen. „Ja, ist was damit?" „Kommen Sie bitte mit!" Der Mann, er war kaum älter als fünfundzwanzig Jahre, trug ein Namensschild an der Brust, das Jakov vergeblich zu entziffern versuchte, weil er sich ständig zur Seite drehte, deutete auf den Koffer. Jakov nahm ihn, trug ihn auf Anweisung des Sicherheitsbeamten zu einem etwas abseits stehenden Tisch. Dort wühlten gerade zwei Frauen in Uniform, mit Gummihandschuhen bewehrt, in einem Gepäckstück, hoben Wäschestück für Wäschestück heraus. „Ich bin einer von Ihnen", raunte Jakov seinem Begleiter zu, doch der schenkte dem keine Aufmerksamkeit. Es war ein müder Versuch, darauf hinzuweisen, dass er doch im Auftrag des Mossad unterwegs war. Doch der israelische Geheimdienst hatte ihn, schon aus Gründen der Vorsicht, nicht mit den entsprechenden Papieren ausgestattet. Der Koffer landete auf dem Tisch, Jakov öffnete ihn und zwei weitere Sicherheitsbeamte stürzten sich auf seinen Inhalt. Offenbar hatten sie auf einem anderen Monitor schon den durchleuchteten Inhalt gesehen, denn sie griffen zielsicher zu den weißen Tennissocken, in die die zwei Metallteile eingewickelt waren. Sie legten sie neben sich und inspizierten weiter. Da erblickten sie die Fernsteuerung. Jakov begegnete den fragenden Augen mit den vorbereiteten Erklärungen: Fahrrad, Neffe, Geschenk. „Und was ist *hier drinnen?" Der Beamte hielt Jakov die Tablettenpackung hin, der zweite hielt die beiden anderen Packungen in der gummibehandschuhten Hand. „Ich brauche das für meinen Magen." Inzwischen hatte der Mann den Deckel des Medikaments abgehoben, es zu seiner Nase gehalten und daran gerochen. „Riecht ja abscheulich!" „Ja, schmeckt auch so", sagte Jakov und versuchte mit einem Lächeln die Sicherheitsbeamten zu überzeugen. „Aber warum steht bei Inhalt: „Tabletten", während das ja wohl ein Pulver ist?" Nichts blieb ihnen verborgen. Jakov erinnerte sich, dass er sich nur um die Größe der Gefäße gekümmert hatte, der Aufschrift hatte er keine Beachtung geschenkt. „Wir müssen Sie leider bitten mitzukommen." Mit einer leichten Kopfdrehung und einer fast ebenso unmerklichen Handbewegung deutete der Sicherheitsbeamte einem Polizisten an, sich ihnen anzuschließen. Zu viert marschierten sie vor den neugierigen Blicken der umstehenden Passagiere in einen Raum, der mit der Aufschrift: „Authorized Personnel" nichts Gutes verhieß.*

Zwei Stunden und viele Telefongespräche später saß Jakov wieder im Taxi, auf dem Rückweg nach Jerusalem. Er ärgerte sich, dass niemand vom Mossad den Flughafen über seine Reise nach Österreich vorinformiert hatte. Nun wurde ihm gesagt, in ein paar Tagen, spätestens am 12. Oktober, würden alle Papiere vorliegen, so dass seinem Abflug nichts mehr im Wege stünde.

DER LAUTE KNALL WAR bis in die Hütte zu hören, in der sich Stefan Stragger versteckt hielt. Er blickte vorsichtig aus dem kleinen Fenster, doch konnte er nichts erkennen: Alles, was er sah, waren Bäume und Büsche. Er war sicher, dass hier kein Jäger geschossen hatte, nein, es musste etwas mit seiner Flucht und der Suche nach ihm zu tun haben. Stefan war überzeugt, dass Georg Kropfitsch jeden Stein umdrehen würde, um auf seine Spur zu kommen. Er blickte sich um: Die alte Bauerntruhe im Eck hatte er damals, bei der provisorischen Renovierung des Hauses, ausgeräumt, in den letzten Tagen hatte er mit einem scharfen Messer an der Rückwand ein paar Löcher gebohrt, dadurch würde ein wenig frische Luft in die Truhe gelangen, die immer noch nach verrotteten alten Kleidern stank, obwohl er die schon vor Jahren entsorgt hatte. So bot ihm die Truhe zwar nicht allzu viel Schutz, dennoch glaubte er, sich dort verstecken zu können. Er hatte auch vorgesorgt, dass dieses Versteck nicht sofort als solches erkannt würde: Ein paar ausgefranste Fetzen ließ er absichtlich auf dem Deckel liegen, darüber hinaus hatte er zwei Holzfiguren (sie hatten wohl einmal Josef und Maria dargestellt, waren aber jetzt durch Holzwürmer kaum mehr als Heilige zu erkennen) von unten angeschraubt, damit sie nicht umfielen, wenn er den Deckel anhob, um hineinzusteigen. Stefan krümmte sich in die Truhe und hielt seinen Mund ganz nahe an die Löcher an der Hinterwand.

Plötzlich hörte er Stimmen. „Herr Stragger, sind Sie da? Hier ist Kommissar Bugelnik vom Kommissariat in Klagenfurt." Stefan hatte diesen Namen noch nie gehört, er war nicht sicher, ob ihm nicht jemand eine Falle stellte. Er blieb ruhig. Die Geräusche, die er wahrnahm, sagten ihm, dass zumindest zwei Personen den Raum absuchten, einer war jetzt ganz nahe an ihm vorbei durch eine Tür gegangen, die aber nur in eine winzige Abstellkammer führte. „Da ist niemand, Herr

Kommissar." Jetzt hörte Stefan, wie jemand eine Nummer in ein Handy eintippte – piep, piep, piep … Nach wenigen Sekunden war wieder die erste Stimme zu vernehmen: „Ja, hier ist Bugelnik, Frau Köpperl, wir sind in Grafenbach, in einem alten, kleinen Haus. Hier sollte sich der Stefan Stragger versteckt halten. Haben Sie eine Ahnung …"

Da hielt es Stefan nicht mehr aus: Er klopfte an die Truhenwand, zog seine Knie an und drückte mit den Füßen den Deckel nach oben. Bugelnik zog sofort seine Pistole, er und der Polizist wichen einen Schritt zurück. In der Zwischenzeit war Stefans Kopf zu sehen, er stützte sich mit beiden Händen ab und stand – zwar noch in der Truhe, aber vor ihnen. „Mein Name ist Stefan Stragger", sagte er und musste dabei lächeln, „suchen Sie mich?" Franz Bugelnik hielt immer noch das Telefon am Ohr, war aber unfähig zu sprechen. „Herr Bugelnik, was ist los?", tönte es aus dem Hörer, „von wem ist diese Stimme?" Und Bugelnik reichte, ohne ein Wort zu sagen, das Handy an Stefan Stragger weiter.

Eine Stunde später war Jasmin Köpperl in Grafenbach. Sie musste sich an Polizei, Rettung und Feuerwehr vorbeizwängen, die alle gekommen waren, nachdem sie von Kommissar Bugelnik informiert worden waren, dass er im Wald Zeuge eines Selbstmords geworden war. Selbst Mitglieder des Heeresnachrichtenamtes waren gekommen, irgendjemand hatte dort offenbar den Polizeifunk abgehört und sofort die Vorgesetzten alarmiert. Der Notarzt konnte nur noch den Tod von Georg Kropfitsch feststellen, dennoch wurde eine Obduktion angeordnet, zu viele Personen mit Waffen waren am Tatort gewesen, und auch wenn Kropfitsch noch seine Pistole in der Hand hielt, alles musste seine Ordnung haben.

Jasmin schloss Stefan nur kurz in die Arme, Bugelnik war inzwischen wieder vom Tatort zurückgekehrt und wollte von

Stefan Stragger Einzelheiten über Kropfitschs rechtsextreme Tätigkeit erfahren. Aber sie erkannten rasch, dass das Haus nicht der geeignete Ort war, um über diese heikle Angelegenheit zu sprechen. Nur bei einer Frage konnten und wollten sich sowohl Jasmin als auch Bugelnik nicht zurückhalten: „Warst du es", und sie ließ langsam ihre Hand aus der seinen gleiten, „der mir diese Papiere geschickt hat, seit Tagen?" „Und wie haben Sie denn das gemacht, das sieht hier ja nicht wie ein voll funktionierendes Büro aus?", ergänzte Bugelnik, während sein Blick noch einmal über den Raum streifte. Stefan musste schmunzeln. „Ich habe das gesamte Manuskript in einer ‚cloud' abgelegt und das dann so programmiert, dass immer wieder Teile an eine Adresse verschickt werden, die ich eingegeben habe, und das war eben die von Jasmin. Alles andere ist dann völlig automatisch abgelaufen. Ich war mir ja nicht sicher, ob ich da lebend rauskomme, aber wenigstens den Text wollte ich retten."

Von: straggerst@aon.at
An: jasmin.koepperl@gmx.at
Um diese Jahreszeit war es gar nicht so leicht, noch ein Zimmer zu finden. Die meisten Hotels rund um den Wörthersee hatten schon Ende September dichtgemacht, übers Internet fand Zoran Mitśić schließlich den „Rosentaler Hof". Er schien ihm besonders geeignet, weil schon der Name darauf hinwies, dass man sich in der Nähe jenes Ortes aufhielt, wo die Aktion stattfinden sollte. Zoran hatte für sich und für Andrej und Slavko je ein Einzelzimmer bestellen wollen, sich dann aber doch für die bequemere Doppelzimmer-Variante entschieden – diese zwei Nächte würden sie ihren Auftraggebern gegenüber schon argumentieren können, wenn sie eine derartige Lappalie überhaupt interessierte. Zoran war es wichtig, dass seine beiden Gefährten einen guten Eindruck von ihm bekamen. Schließlich hatten

sie, nachdem sie unterwegs erfuhren, welchen Auftrag sie zu erfüllen hatten, nicht aufgehört miteinander zu sprechen und immer wieder Fragen gestellt. Sie waren aufgeregt, das konnte Zoran, der sich eigentlich auf die Fahrt konzentrieren wollte, deutlich spüren. Doch seine bedachtsame Art und auch weil es ihm gelang, ihre gröbsten Bedenken zu zerstreuen, die sich vor allem auf die Tatsache bezogen, dass sie so einen Auftrag im Ausland, mit allen möglichen Konsequenzen, auszuführen hatten, ließ sie nach einiger Zeit wieder etwas ruhiger werden.

Als sie am Abend jenes Oktobertages ankamen, waren sie über ihr Quartier erfreut. Auch außerhalb der belebten Touristen-Region des Wörthersees gab es ganz offensichtlich Hotels, die den Gästen etwas Besonderes bieten wollten: einen großen Wellness-Bereich mit einem Hallenbad (zumindest Zoran ärgerte sich darüber, nicht seine eigene Badehose eingepackt zu haben) und einen wunderschönen Obstgarten, der von einem Bächlein umspielt wurde. Nicht dass die drei Männer Zeit für Muße eingeplant hätten, doch allein die Tatsache, dass sie in einem schmucken Ambiente abgestiegen waren, belebte ihre Geister. Beim Abendessen waren nur drei andere Tische besetzt. Es war nicht von vornherein klar, ob es sich um Restaurant-Gäste handelte, oder ob die Paare (nur eines hatte eine etwa zehnjährige Tochter mit) auch im Hotel übernachteten. Zoran hielt das für keinen unwesentlichen Unterschied: Wer hier nur zu Abend aß, würde sie morgen früh nicht wieder treffen und hätte so weniger Möglichkeiten, eine Personenbeschreibung abzuliefern, wenn – ja, wenn die Behörden sie bei ihren Untersuchungen überhaupt als Verdächtige ermitteln würden.

Am nächsten Tag war nur noch die Familie mit dem Kind da. Zoran war erleichtert. Er hatte sich vor dem Frühstück – in perfektem Deutsch – an der Rezeption eine Badehose ausgeborgt und war im Hallenbad ein paar Runden geschwommen. Andrej und Slavko hatten ihm schon am Abend mitgeteilt, dass sie für derartige Körperertüchtigung nicht viel übrig hätten – sie hätten in ihrem Leben schon genug Schwerarbeit geleistet, lieber würden sie etwas länger schlafen. Und sie kamen auch etwas später als ausgemacht, Zoran war nicht sicher, ob er sie dafür schelten sollte, Unzuverlässigkeit war schließlich keine gute Basis für ein schwieriges Unternehmen. Doch er ließ es bleiben, allzu oft, dachte sich Zoran, würde er mit diesen beiden sicher nicht mehr zusammenarbeiten.

Zoran hatte bei einer Tankstelle eine Straßenkarte besorgt und legte sie auf den Tisch: „Alles, was wir wissen, ist, dass unser Mann (sie hatten sich ausgemacht, den Namen Haider nicht zu erwähnen, jedenfalls nicht dort, wo auch nur die geringste Gefahr bestand, dass ihnen jemand zuhören könnte) jeden Abend von Klagenfurt über das Rosental in sein Haus im Bärental fährt. Er nimmt immer dieselbe Strecke über die Loiblpass-Bundesstraße und biegt dann beim Ferlacher Kreisverkehr nach rechts ab. Aber dort müssen wir gar nicht hin. Hier", – und Zoran zeigte mit dem Finger auf eine besonders ausgeprägte Haarnadelkurve – „ist unsere beste Gelegenheit, jedenfalls sieht das auf der Karte so aus. Ich schlage vor, wir fahren jetzt dorthin und sehen uns die Lage einmal an Ort und Stelle an."

Sie hatten Glück. Der Nebel hatte sich schon am frühen Vormittag gelichtet, und so wurde die Fahrt durch das Rosental beinahe zum Ausflug. Sie waren beindruckt von der Schönheit der Landschaft, gelegentlich tauchte die Drau vor ihnen auf. Im Süden stachen immer wieder die mächtigen Gipfel der Karawanken heraus. Zoran hatte sich ein wenig verrechnet: In jedem Ort mussten sie die 50-kmh-Geschwindigkeitsbegrenzung einhalten, sie wollten schließlich keiner Polizeistreife in die Arme laufen oder auch nur geblitzt werden, und so dauerte die Fahrt länger als geplant. Als sie Hunger verspürten, setzten sie sich in ein kleines Gasthaus und genossen die lokalen Speisen.

Eilig hatten sie es ohnehin nicht, denn heute war nur Erkundung angesagt, sie wollten sich die Stelle genau ansehen, die Zoran ausgesucht hatte. Beim Kreisverkehr in Kirschentheuer bogen sie links ab, laut Karte würde sie in wenigen Minuten die Drau überqueren und dann auch gleich bei jener Haarnadelkurve ankommen, die für ihr Vorhaben besonders geeignet erschien. Auf dem Plan hatten sie gesehen, dass knapp davor ein kleiner Feldweg nach links abbog, den wollten sie nehmen, um dann dort zu parken und zu Fuß zur Kurve zu gehen. Zu ihrer Überraschung fanden sie keine Abzweigung, Slavko sah im letzten Moment, dass der Weg unter der Bundesstraße durch einen kleinen Tunnel führte. Nun war es ohnehin zu spät, sie waren bereits in der scharfen Rechtskurve angelangt, die kein Ende zu nehmen schien. Sie fuhren langsam, einige Fahrzeuge überholten sie, ohne ihnen aber große Aufmerksamkeit zu schenken. Etwa hundert Meter weiter bergauf entdeckten sie dann den Feldweg, der zum Tunnel führen musste. Sie bogen scharf rechts ab, der Schotterweg führte, wie erwartet, unter der Bundesstraße durch, kurz danach stellten sie ihren Wagen am Wiesenrand ab. Zoran hatte sicherheitshalber ein Fernglas mitgenommen, sie sollten im Zweifel lieber als Touristen wahrgenommen werden denn als Terroristen. Sehr belebt schien diese Gegend aber nicht zu sein, auch auf dem Plan war weit und breit kein Haus eingezeichnet. Sie gingen zu Fuß weiter, bis auch dieser Weg in eine Haarnadelkurve überging. An dieser Stelle bogen sie links in die Büsche und dann über eine kleine Wiese bergauf wieder Richtung Bundesstraße. Im Schutz der Bäume und Büsche verschafften sie sich einen ausgezeichneten Überblick über die „Unfallstelle". Langsam zog die Dämmerung über das Rosental, doch die letzten Strahlen der Sonne, die hinter den Karawanken untergegangen war, gab ihnen noch so viel Licht, dass sie mit ihren Erkundungen weitermachen konnten.

„Andrej, du gehst mit dem Walkie-Talkie da links hinauf",

Zoran zeigte mit der ausgestreckten Hand die Hauptstraße entlang, "mindestens 50 Meter, oder vielleicht sogar mehr. Slavko, du gehst mit den Kanistern zum Kurvenanfang, und wenn wir das Kommando von Andrej bekommen, dass das Auto an ihm vorbeigefahren ist, schüttest du das Zeug auf die Straße. Aber pass auf, dass du nicht selbst ausrutschst." Sie hatten drei Blechkanister im Kofferraum verstaut, es war damals durchaus üblich, dass Kroaten mit Reservekanistern unterwegs waren und sie in Slowenien auffüllten, wo Benzin billiger war. Erst auf der Heimreise würden sie eventuell kontrolliert, doch da wären ihre Behälter ohnehin wieder leer. Natürlich waren sie nicht hierhergekommen, ohne ihr Projekt vorher auszuprobieren, sie hatten das Ganze schon einmal auf einem abgesperrten Gelände in der Nähe von Zagreb getestet. Es war erstaunlich, wie das Testfahrzeug, nachdem es über diese Flüssigkeit gefahren war und dann scharf abbiegen musste, jedwede Traktion verloren hatte und – wie auf Spiegeleis – geradeaus in den Graben gefahren war. Jörg Haider war, das war ihnen bekannt, unabhängig ob mit Chauffeur oder ohne, immer schnell unterwegs, so würde er über die Kurve hinausschießen und im besten Fall – aus ihrer Sicht – in der Drau landen. Natürlich waren da ein paar Ungewissheiten: In den meisten Fällen benutzte der Landeshauptmann diesen Weg auf seiner Heimfahrt – doch es gab auch andere Zufahrtsstraßen ins Bärental; sie konnten das Auto übersehen, schließlich würde es Nacht sein – aber sein Volkswagen Phaeton war ein auffälliges Fahrzeug; andererseits: Die Zeit war auf ihrer Seite.

Der nächste Tag war der 10. Oktober. An diesem Tag feiert Kärnten den Tag der Volksabstimmung zur Befreiung von Jugoslawien im Jahr 1920, Haider, davon war Zoran Mitśić überzeugt, würde an diesem Kärntner Feiertag wie jedes Jahr besonders viele Versammlungen besuchen und mit großer Sicherheit mit seinem Fahrer unterwegs sein. Also wollten sie den „Unfall" lieber an einem weniger auffälligen Datum inszenieren, etwa am 12. oder 13. Oktober.

Nachdem sie die Gegend, so gut es in der aufziehenden Dunkelheit möglich war, ausgekundschaftet und jenen Busch ausgesucht hatten, hinter dem sie sich verstecken konnten, fuhren sie wieder zurück in ihr Hotel. Nur mit einiger Überredungskunst gelang es ihnen, den Koch davon zu überzeugen, dass sie auch um viertel vor zehn noch ein Anrecht auf ein Nachtmahl hatten.

Zoran hatte sich für den Samstag keinen Wecker gestellt. Als er aufwachte und nach seinem Handy griff, um die Zeit zu erkunden – es war 8.54 Uhr – sah er eine SMS am Display. Obwohl er das Handy nicht auf „stumm" geschaltet hatte, musste er den Alarmton überhört haben. Die SMS kam von einer kroatischen Handynummer, zu der er aber keinen Namen abgespeichert hatte: „Čestitam, bravo, vidimo se u Zagrebu!" „Gratuliere, gut gemacht, seh euch in Zagreb." Zoran blickte lange auf die Nachricht, er konnte sich keinen Reim darauf machen. Dann schaltete er das kleine Radio ein, das auf seinem Nachtkästchen stand. Als endlich die Nachrichten kamen, fiel er beinahe aus dem Bett: „Der Kärntner Landeshauptmann Jörg Haider ist tot. Er ist heute Nacht bei einem Verkehrsunfall in der Nähe von Klagenfurt ums Leben gekommen …"

Stefan Stragger blickte auf die Uhr: Es war 20.30 Uhr, er hatte das kleine Bier, das er bestellt hatte, schon beinahe ausgetrunken, Jasmin war noch immer nicht erschienen. Sie hatte einen Tisch beim „Sandwirt" bestellt, und sie wollte, nachdem sie ihren Artikel fertiggeschrieben hatte, gleich von der Redaktion ins Restaurant fahren. Eine Gruppe deutscher Geschäftsleute hatte fast den ganzen Speisesaal in Beschlag genommen, sie saßen schon da, als Stefan gekommen war, mittlerweile machten sich der Alkoholpegel und ihre gute Stimmung, die – so schloss Stefan – darauf zurückzuführen war, dass sie ihre Kärntner Partner über den Tisch gezogen hatten, lautstark bemerkbar. Stefan war froh, etwas abseits zu sitzen. Er nahm sein Handy und wählte Jasmins Nummer. In diesem Augenblick stürzte sie bei der Tür herein. Sie blickte sich um und ließ sich kurzfristig von der lärmenden Menge ablenken. Es waren lauter Männer, einige hatten bereits ihre Sakkos über die Stuhllehne gehängt, die meisten trugen auch ihre Krawatten nur noch lose um den Hals. Doch dann sah sie zu ihrer Erleichterung Stefan. „Tut mir leid, es hat doch etwas länger gedauert, und der Chef wollte auch noch mit mir reden", sagte sie entschuldigend und drückte ihm einen Kuss auf die Lippen. Beide waren von den Anspannungen erschöpft, Georg Kropfitschs Selbstmord hatte ihre Nerven zusätzlich belastet. Trotzdem waren sie glücklich, endlich konnten sie in aller Ruhe über die Geschehnisse der vergangenen Tage sprechen. Gerade als Jasmin ansetzte, Stefan zu fragen, wieso er damals aus seinem Haus geflüchtet war, kam ein freundlicher Mann mit einer weißen Schürze um den Bauch und brachte die Speisekarte. Sie versenkten sich in das verlockende Angebot, ein paar Minuten später hatten sie gewählt und dem Kellner ihre Wünsche mitgeteilt. „Ich habe …" „Mir sind …" Sie waren wieder allein, und jeder der beiden wollte gleichzeitig vom anderen wissen, wie es ihm in den letzten Tagen ergangen war. „Fang du an …", sagte Stefan und legte seine Hand zärtlich um Jasmins Handgelenk. „Nein du …", erwiderte Jasmin und lächelte, es war ihr erstes Lächeln nach vielen anstrengenden Stunden und Tagen.

Und so begann Stefan von den seltsamen Besuchen Georg Kropfitschs in seinem Büro zu erzählen, nachdem er in dessen Arbeitszimmer die Unterlagen über seine rechtsextreme Tätigkeit entdeckt und gleich fotografiert hatte. „Ich hatte schon ein sehr ungutes Gefühl. Einerseits war ich mir sicher, dass Georg – also der Kropfitsch – nicht wissen konnte, dass ich sein Geheimnis entdeckt hatte, andererseits weiß man ja im HNA nie, wie sich wer schützt." Und dann schilderte Stefan, wie er mitten in der Nacht – „zum Glück war ich noch auf, weil ich wieder an dieser Geschichte gearbeitet habe" – von einem Fahrzeuggeräusch aufgeschreckt wurde. Er konnte nur das Allernotwendigste an sich nehmen, rannte die Kellertreppe hinunter, schob den Schrank zur Seite. „Dann wartete ich im unterirdischen Gang, ich war mir sicher, dass er mich hier nicht finden würde. Nach wenigen Minuten hörte ich seinen Wagen starten. Mit meinem Auto konnte und wollte ich nicht weg, weil anzunehmen war, dass er mich rasch entdecken würde. Aber ich hatte vorgesorgt: Ich nahm das Fahrrad und so schnell ich konnte, radelte ich zum Ortsanfang von Krumpendorf. Dort wohnt Friedrich, du weißt schon, mein Freund aus Studientagen, mit dem wir schon mehrmals zusammen essen waren. Er hatte mir vor – ich weiß nicht, einem Jahr oder so – seinen Autoschlüssel gegeben. Ich konnte seinen Wagen jederzeit nehmen, zumindest wenn er zuhause war. Und, es war ja spät in der Nacht, der Fiat stand auf der Straße, ich hatte zum Glück an den Autoschlüssel gedacht … und danach bin ich nach Grafenbach".

Es war alles ziemlich genau so verlaufen, wie es sich Jasmin und Bugelnik vorgestellt hatten, als sie den geheimen

Gang entdeckten. „Noch etwas würde mich interessieren", sagte Jasmin, als Stefan gerade eine Pause einlegte, um sich mit dem Zwiebelrostbraten zu beschäftigen, dessen letzte Reste vor ihm auf dem Teller lagen. „Wie bist du eigentlich auf die Idee gekommen, diesen Text zu verfassen?"

Gerade als Stefan Luft holte, um die Frage zu beantworten, wurde er unterbrochen: ein dumpfer Schlag, dem ein lauter Schrei folgte – er kam vom Tisch der feucht-fröhlichen Deutschen. Einer der Männer – Stefan und Jasmin hatten ihn nur von hinten gesehen, aber er war ihnen aufgrund seiner außergewöhnlichen Leibesfülle aufgefallen – lag neben seinem Stuhl halb unter dem Tisch. Nachdem es plötzlich totenstill geworden war, konnte man sein Röcheln im ganzen Speisesaal vernehmen. „Wir brauchen einen Arzt, dringend!", rief der Mann am Tischende. Gleichzeitig sanken drei oder vier seiner Kollegen auf die Knie und versuchten, dem Schwergewichtigen, der nach Luft rang, ein zusammengeknülltes Sakko unter den Kopf zu schieben. Stefan nahm sein Handy aus der Brusttasche, wählte die Nummer der Rettung und rief in die Richtung, aus der das Wirrwarr kam: „Ich hole schon die Rettung!" Stefan hatte beim Bundesheer regelmäßig einen Erste-Hilfe-Kurs besucht und eilte, nachdem er dem Rettungsdienst den Vorfall geschildert hatte, zu dem Mann, der am Boden lag und dessen Kopf einem roten Geburtstagsballon glich. Stefan schob die anderen zur Seite, checkte den Puls, presste seine Handflächen auf die Brust und drückte kräftig zu: ein Mal, zwei Mal, drei Mal. Dann legte er seinen Mund auf die schwulstigen Lippen des Deutschen, hielt ihm die Nase zu und blies, so stark er konnte – wieder machte er das drei Mal, um dann mit der Wiederbelebung von vorne zu beginnen. Nach kurzer Zeit schien die Methode Erfolg zu zeigen: Der Mann begann selbstständig zu atmen, in diesem Augenblick konnte man durch die Fensterscheiben schon das Blaulicht des Rettungswagens erkennen.

Als Stefan nach dem Vorfall aus der Toilette zurückkam und wieder bei Jasmin Platz nahm, war er für kurze Zeit unfähig zu sprechen. Er schaute Jasmin an, dann glitt sein Blick hinüber zu den Deutschen, die gerade dabei waren, ihre Tafelrunde zu beenden. Stefan schüttelte den Kopf, dann sagte er: „Das reicht eigentlich für einen Tag. Ich glaube, ich will nach Hause. Was meinst du?" Wenige Minuten später saßen sie im Taxi und fuhren zu Jasmin.

Als sie die Wohnung betraten, nahm Stefan sie fest in seine Arme, bevor sie auch nur die Mäntel ausgezogen hatten. Sie erwiderte seine Küsse, doch für mehr war Jasmin zu diesem Zeitpunkt nicht in Stimmung. Sie schob Stefan vor sich her ins Wohnzimmer, holte eine Flasche Rotwein aus dem Schrank, und während er sie öffnete, trug sie die beiden Mäntel zurück in den Vorraum.

„Kropfitsch war ein alter Nazi", rief ihr Stefan unvermittelt nach und wartete dann, bis sie sich neben ihn gesetzt hatte: „Noch schlimmer: Er war ein alter und ein Neonazi. Ich hatte das schon länger vermutet, seine Andeutungen waren oft nicht einmal zwei-, sondern ganz eindeutig." Dann erzählte er, wie Kropfitsch über Ausländer hergezogen war und dabei auch immer wieder erkennen ließ, nur eine starke Hand würde Österreich wieder – „ich glaube, er nannte es ‚blutrein'" – machen. Und auch seine Sympathien für die deutsche rechtsradikale Szene habe er immer wieder durchblicken lassen. „Mir hat das so auch gereicht – andererseits wollte ich wissen, wie weit er tatsächlich schon gegangen ist. Und da schlich ich mich einmal, als er gerade nicht im Büro war, in sein Zimmer und fotografierte die Unterlagen. In gewisser Hinsicht verhielt er sich ja wie damals die NS-Schergen: Alles war genau notiert, jede Reise, die er unternommen hat, jeder Treffpunkt, jeder Neonazi, mit dem er zusammengekommen ist – alles war fein säuberlich aufgeschrieben." Auf Jasmins Frage, wie Kropfitsch dahintergekommen sei, dass er ausspioniert wurde, schüttelte Stefan den Kopf: „Ich bin mir gar nicht sicher, dass er das überhaupt wusste. Ich habe eher den Verdacht, dass er von meinem Projekt erfahren hatte. Das, was du in den letzten Tagen bekommen hast."

Stefan Stragger schenkte sich und Jasmin Rotwein nach und schilderte, wie er vor vielen Jahren einmal den Kärntner Landeshauptmann getroffen hatte. Wie so viele junge Leute sei er sehr beeindruckt vom offenen Wesen Jörg Haiders gewesen, im Unterschied zu anderen Politikern schien er sich auch wirklich für den Gesprächspartner zu interessieren. Aus der zufälligen Bekanntschaft sei so etwas wie eine Freundschaft geworden („aber nicht das, was du glaubst!", Stefan lächelte und zwinkerte Jasmin zu), Haider habe natürlich von seiner Tätigkeit im Heeresnachrichtenamt gewusst und auch von seinen literarischen Fähigkeiten erfahren. „Und so, es muss etwa ein Jahr vor seinem Tod gewesen sein – zu dieser Zeit hatte es schon zahlreiche Gerüchte über seltsame Drohungen ihm gegenüber gegeben –, lud er mich eines Tages zu sich ins Büro ein. Und dann hat er mich ausgefragt, was wir im HNA denn so über Geheimdienste wüssten und ob wir über Morddrohungen Bescheid wüssten. Ich konnte, nein, ich durfte ihm nichts sagen und faselte nur so allgemeines Zeugs vor mich hin über Politiker, die immer einer gewissen Gefahr ausgesetzt seien." Doch Haider habe nicht lockergelassen und am Ende habe er ihn gebeten, einmal so ein Szenario auszuarbeiten. So etwas mit CIA und Mossad und wie sie alle hinter ihm her seien, weil er doch eine Politik betreibe, die gerade diesen Ländern sehr zuwiderlaufe. „Ich habe ihm nichts Konkretes zugesagt, habe ihm aber irgendwie zu verstehen gegeben, dass mich das Thema schon interessieren würde."

„Habe ich dich richtig verstanden? Dieses Verschwörungsszenario, das ich von dir zugeschickt bekommen habe, war in Wirklichkeit Jörg Haiders Idee?" „Ja, und nicht nur das, ich habe ihm sogar noch die ersten zwanzig Seiten zukommen lassen. Und er war – wie soll ich mich ausdrücken, aber du kennst ihn ja – er konnte so richtig euphorisch sein, und das war er dann auch. Als er verunglückte, habe ich das Ganze beiseitegelegt. Erst im vergangenen Jahr, vier Jahre später, bin ich wieder einmal darauf gestoßen und habe es fertiggeschrieben."

Mittlerweile hatte der Wein seine Wirkung getan. Jasmin und Stefan fühlten sich erstmals an diesem langen Tag – es musste schon zwei Uhr früh sein – wirklich müde.

„Stefan, etwas wollte ich dich noch fragen: Dieser Text, ist das jetzt fact oder fiction?" Sie lagen seit einigen Minuten im Bett, Seite an Seite, Jasmin hatte ihren Arm um Stefans Oberkörper gelegt. „Stefan?" Sie stützte sich auf ihren Ellbogen und blickte ihm ins Gesicht. Seine Augen waren geschlossen. Er gab keine Antwort. Stefan war eingeschlafen.

Epilog

Der Learjet 40X stand aufgetankt und zum Abflug bereit am Flughafen Zagreb-Pleso. Zwei Arbeiter hatten gerade die Ladeluke geschlossen, nachdem sie dort vorher vier Kisten und zwei Koffer verstaut hatten. Letztere waren ihnen von den beiden Passagieren übergeben worden, die Kisten waren als Luftfracht deklariert. Sie waren weder durch ihr Gewicht noch durch den Aufkleber („Diplomatengepäck, nicht öffnen") sonderlich aufgefallen. In Privatmaschinen wurde immer wieder seltsames Gepäck transportiert, ohne dass dem jemand besondere Aufmerksamkeit widmete. In der Kabine waren die vier beigen Ledersessel nur von zwei Männern besetzt. Andrej und Slavko saßen einander gegenüber, zwischen ihnen ein aufgeklapptes, glänzendes Holztischchen, auf dem zwei sorgsam zusammengefaltete Servietten lagen, ebenso Besteck und zwei weiße, mittelgroße Teller. Der Pilot bat sie durch die Sprechanlage, sich anzuschnallen, sie würden gleich starten. Doch die einzige Stewardess an Bord, die im Aussehen mit dem exklusiven Interieur leicht mithalten konnte und deren Uniform den Pastellfarben der Kabine angepasst war, brachte noch rasch Getränke an den Tisch: Die Eiswürfel in der goldgelben Flüssigkeit erzeugten bei jeder Bewegung einen hellen Glockenklang, der langsam vom anschwellenden Geräusch der beiden Honeywell-Turbinen übertönt wurde. Sie lispelte eine Entschuldigung, dass sie das Frühstück erst nach dem Start servieren könne und verzog sich wieder in das Pilotenabteil. Kurze Zeit danach heulten die Turbinen auf, die Maschine machte einen Ruck und setzte sich langsam Richtung Rollbahn in Bewegung. Der Pilot kommunizierte mit dem Tower („Ersuche um Startfreigabe für Flug RC 20 nach Vaduz via Klagenfurt"), bekam das „Go Ahead" und gab vollen Schub voraus. Erst jetzt erkannte Slavko, dass es kein Vorteil war, beim Start mit dem Rücken zum Piloten zu sitzen. Statt in die Lederlehne gedrückt zu werden, pressten sich die Rückhalteriemen (immerhin waren es Hosenträger-Gurte) in seinen Brustkorb. An der entspannten Haltung Andrejs stellte er sofort fest, dass er offenbar der einzige war, der das Fliegen hasste. Andrej hielt in der einen Hand ein Whisky-Glas, das er schon fast geleert hatte, mit der anderen hatte er soeben seine Krawatte geöffnet, die Augen hielt er halb geschlossen und um seinen Mund hatte sich entspanntes Lächeln gelegt. Nach rund zwei Minuten ging der Learjet vom Steilflug in ein sanftes Ansteigen über, was Slavko mit einem erlösenden Seufzer zur Kenntnis nahm. „Živjeli", „Prost" – sie hoben die beiden Gläser und deuteten ein Anstoßen an. Die Stewardess war noch nicht erschienen, so konnten sie ungestört sprechen. „Zwei Millionen, stell dir vor! Vielleicht sollten wir uns auch einen anderen Beruf suchen?" „Ja, zwei, aber pro Koffer! Es ist praktisch, wenn man auf einer geografisch interessanten Durchfahrtsroute zuhause ist." Er spielte darauf an, dass aus Afghanistan immer wieder ganze Lastwagen voll mit Opium transportiert wurden, über die Türkei, Bulgarien und Serbien landeten sie schließlich in Kroatien. Slavko und Andrej hatten nach ihrem grandiosen Coup in Kärnten – niemand hatte den Auftraggebern verraten, dass sie mit der Sache gar nichts zu tun gehabt hatten – zwar nicht ihre Chefs, aber den Aufgabenbereich gewechselt: Sie waren mittlerweile zu Drogenkurieren avanciert. In der Früh vor dem Abflug hatten sie die Koffer in einer Waldlichtung in der Nähe des Flughafens entgegengenommen, aus einem Lieferwagen, der ursprünglich als Geldtransporter im Einsatz gewesen war. Kein Wort hatten sie mit den „Lieferanten", die ihre Gesichter mit Kapuzen verhüllt hatten, gesprochen, hatten die Koffer verstaut und waren damit sofort zum Flughafen gefahren. Das Wachpersonal beim Seiteneingang, durch den sonst die Luxusklientel zu ihren Privatmaschinen eingelassen wurde, war durch einen Anruf aus der Zentrale über die Ankunft der beiden informiert worden. Die Sicherheitsleute stellten keine Fragen, sondern winkten sie stattdessen mit ihrem dunklen BMW anstandslos durch. Jetzt saßen die beiden in den weichen Ledersesseln, befreit von den Sicherheitsgurten, und genossen das opulente Frühstück. Die Stewardess hatte erst einen frisch gepressten Orangensaft gebracht und dann gleich auch unterschiedlichstes Gebäck, Käse, Rohschinken und den gewünschten schwarzen Kaffee serviert. Die beiden Männer badeten förmlich im Luxus, dort, wo sie ursprünglich herkamen, gab es dergleichen nicht annähernd.

Nun genossen sie ihren Flug im Learjet 40X in 4000 Meter Höhe, selbst Slavko hatte sich inzwischen einigermaßen daran gewöhnt.

Es war ihr dritter Flug, begonnen hatte alles mit einer ähnlichen Reise, allerdings mit einem Auto – sie ahnten nicht, dass das erste Mal so etwas wie eine Testfahrt gewesen war: Die Pakete waren vollgestopft mit altem Zeitungspapier, ihre Auftraggeber wollten sichergehen, dass sie mit den Drogen, wenn sie einmal wirklich solche transportieren würden, nicht abhauten. An der kroatisch-slowenischen Grenze wurden sie nicht kontrolliert, und als sie in Klagenfurt ankamen, verlief alles ebenfalls nach Plan. Sie waren im Hotel Porcia abgestiegen und hatten nur den Auftrag bekommen, die Pakete im für sie reservierten Zimmer zu deponieren. Am nächsten Tag, kurz nach dem Auschecken, so wurde ihnen gesagt, würde sich jemand („Es tut nichts zur Sache, wer das ist") um die Pakete kümmern.

Es war ein leichter Job, das Geld passte auch, die einzige Schwierigkeit bestand darin, dass sie gelegentlich an Wochenenden unterwegs waren und Frau bzw. Freundin misstrauisch wurden, weil sie immer weniger Zeit zuhause verbrachten. Doch als sie ihren Partnerinnen nach einigen Wochen, als sie das erste Mal mit dem Flugzeug unterwegs waren, aus einer *exklusiven Boutique in Klagenfurt eine exquisite Handtasche und ein teures Seidentuch mitbrachten, erkauften sie sich damit ihr Schweigen. Sie blickten zum Fenster hinaus, unter ihnen zogen langsam die mächtigen, schneebedeckten Gipfel der Karawanken vorbei. Sie wussten von ihrem vergangenen Flug, dass es nun nicht mehr lange bis zur Landung in Klagenfurt dauern würde.*

Plötzlich gab es einen ohrenbetäubenden Knall. Im hinteren Teil des Learjets entstand ein riesiges Loch, orkanartiger Wind blies in die Kabine. Die Sauerstoffmasken fielen herunter und zerrten wie wild am durchsichtigen Plastikschlauch. Das Heck brach ab, die beiden Männer versuchten noch, sich an den Sitzen festzuhalten. Dann verloren sie die Besinnung. Die Maschine kam ins Trudeln. Sekunden später stürzte sie im felsigen Terrain kurz hinter der österreichisch-slowenischen Grenze in einem Feuerball ab. Von den beiden Koffern blieben nur ein paar angeschmorte metallene Teile übrig.

POLITIK/GESELLSCHAFT

Der ORF-Top-Journalist als Spitzenfotograf

Eugen Freund
Zeit in Bildern

ISBN 978-3-218-00826-6
€ (A, D) 29,90

Man kennt ihn als „Mann vor der Kamera". Doch in diesem Buch präsentiert er die letzten 40 Jahre in Bildern von beeindruckender Kraft, mit pointierten Texten klug kommentiert. Vom Kärntner Ortstafelstreit bis Bruno Kreisky, von Leonid Breschnew bis Bill Clinton, vom Fall der Berliner Mauer bis zur Lichterstadt New York, von Arnold Schwarzenegger bis Placido Domingo – Eugen Freund hat sie alle mit seiner Linse eingefangen.

POLITIK

Die Welt in Aufruhr

Eugen Freund
**Brennpunkte der
Weltpolitik**

ISBN 978-3-218-00810-5
€ (A, D) 21,90

Eugen Freund, langjähriger ORF-Auslandskorrespondent und hochangesehener Kommentator außenpolitischer Ereignisse, untersucht in diesem Buch die brennenden Fragen unserer Zeit. Er ermöglicht ein besseres Verständnis der heute zunehmend unübersichtlichen Weltpolitik, indem er die vielfältigen Zusammenhänge herstellt.